インド占星術の
基本体系 II巻

K.S.チャラク 著　本多 信明 訳

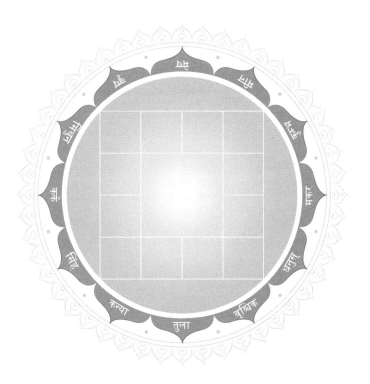

भारतीय वैदिक ज्योतिष

太玄社

ELEMENTS OF VEDIC ASTROLOGY
Volume 2
by K.S.Charak

Japanese translation published by arrangement with K.S.Charak
through The English Agency (Japan) Ltd.

本書の要旨

　本書はⅠ・Ⅱ巻からなる。Ⅰ巻は1から16まで、Ⅱ巻は17から31までを取り扱うことになるが、内容的にもページ数的にも膨大になるため、最初にそれぞれの章の概要を述べておくことにする。読み進める上での羅針盤にしてほしい。

　以下にそれを記す。

　1は占星術と科目の紹介である。偉大なるヴァラーハミヒラによって記述された占星術師の資質に焦点が当てられている。科学、遺伝、カルマと占星術の関係が論議されている。

　2は占星術に適用される初歩的な天文学の概念を扱っている。それは獣帯、ナクシャトラ、地球中心の天文学的枠組みである、星座の上昇下降、サイデリアル時間の概念、歳差運動、固定獣帯と移動獣帯の理解に関係している。また、時間と周期の分割や、惑星のいくつかの機能が述べられている。

　3はパンチャンガやインド暦の特徴である天文学の領域を扱っている。ここでは、ティティ、ヴァーラ、ナクシャトラ、ヨガ、そしてカラーナのことが述べられている。いろいろな惑星の天文学的性質が簡潔に述べられている。

　4は聖パラーシャラが弟子のマイトレーヤに告げた教えが基礎となっている。説明はヴィシュヌプラーナから引用されている。それは古代のインドの教え方に興味深い光を及ぼしている。この章は60年の木星周期についての情報を含んでいる。パラーシャラによって述べられた筋道はヴィシュヌプラーナが書かれた時を決定するために用いられた。

　5はインド占星術と関係のある星座、ハウス、惑星について扱っている。この情報はインド占星術の原則の応用を理解するために必須のものである。

6は惑星の吉星、凶星を決定させる標準的な占星術的原則を扱う。ホロスコープの分析で注意を必要とするいくつかの不都合な特別の要素について、筋道が述べられている。

　地上の生活のすべての側面がホロスコープにおける惑星、星座、12ハウスによって意味づけられる。そのような意味づけが7では集められている。

　8はホロスコープ上のいろいろなカスプとしてのすべての重要なラグナやアセンダントを決定する方法を説明するだけでなく、外国での誕生や南緯での誕生の場合のアセンダントの決定の方法を述べている。また、アセンダントのカスプを決定する古代の方式を示した。

　9は惑星の度数を決定する次の重要なステップを扱う。この章は次章と同様、基礎的なホロスコープを読むための一助となる。

　10は占星術を上手に使用をするために必要不可欠な分割図の16のタイプについて扱う。

　11はインド占星術において特別の使い方をする副惑星を簡潔に説明する。

　12はインド占星術においていくつかの秘められた使われ方をするある特別の惑星の状態を扱う。

　惑星はホロスコープチャートの強さ或いは弱さに応じた結果を生じる。

　13は惑星の強さを決定する技法を簡潔に扱う。

　14はダシャー或いは惑星の作用期間を計算する方法を述べている。最も重要なダシャーシステムであるヴィムショッタリとヨーギニーの2つを記述した。これらは事件の発生のタイミングを決定的にすることを意味する。

　15は最も広く用いられるヴィムショッタリダシャーの解釈に関して記述

した。サブサブ期間のレベルまでのアシャーの適用の原則が、主に聖パラーシャラの格言に応じて述べられている。

16において、バラリシュタ（新生児の傷つき）とアリシュタバンガ（傷つきの解除）の原則が述べられている。これらははっきりと理解されなければならない。事例は強調する原則を説明するために提供された。

17は異なるハウスの支配星の配置の結果を述べている。主に聖パラーシャラの格言に従っている。

18はホロスコープの異なるハウスの異なる惑星の配置の結果、特に、月から見た異なるハウスにおける異なる惑星の配置の結果が述べられている。

19は異なる星座にある異なる惑星の対置の結果、つまり、異なる星座における惑星の惑星に対するアスペクトによって生じる結果が述べられている。ダシャーの解釈の章と同様に先行する2つの章と一緒に、この章の理解が占星術的予言の背景を形成する。

20はナバーシャヨガと呼ばれる特別のヨガのタイプを扱う。これらのヨガは本人の支配的な型を示す。これらの結果は人生を通して感じられ、ダシャーのサイクルに依存しない。

21は惑星によって異なるハウスの在住を基礎に置いている。ラージャヨガ、ダーナヨガ、アリシュタヨガそしてパリヴァルタナヨガは、この章において見つけることができる。

22はいくつかの特別で雑多なヨガを扱う。パンチャマハープルシャヨガ、月と太陽の上に基礎を置いたヨガ、そしていくつかの重要で多様なヨガについて議論している。サナナヤ或いは再統一に導く簡潔なヨガの説明もここに含まれている。

23はアルパーユ、マダパーユ、プルナーユに作用する方式を示す。数学的方法により寿命を計算する方法が述べられている。寿命の長さを決定する数学的方法の信頼性の不足が述べられている。

24は医療占星術を扱う。健全なそして不健全な健康を示す占星術的要素のアウトラインが示されている。これらの病気の原因となる敵対的なダシャー期間の役割に焦点が当てられている。

25はヴァルシャハラ或いはインド年間ホロスコープに向けられている。アニュアルチャートを作成する方法と実際が簡潔に扱われている。

26はムフルタ或いはいろいろな事業を始める時の適切な瞬間を選ぶ占星術について議論している。そしてパンチャンガの5つの構成要素の役割と事業を始める正しい瞬間を拾い上げる時のアシュタカヴァルガと同様にラグナについても扱われている。

27は結婚目的のためのホロスコープの伝統的な相性を扱っている。この方法はチャートの相性を理解するための8つのポイントであるアシュタカヴァルガ或いは8つのポイントを含む。この方法は現代社会の世界にそれらを合わせるためにより徹底したチャートの研究により補完されることが指示される。

28はプラシュナあるいはホラリー占星術を司る基本的な要素が議論されている。質問が行われる瞬間の重要性がインド占星術のこの分野の基礎である。

29はゴチャラ或いは惑星トランジットの原則を扱っている。ラグナと同様に月からゴチャラを分析する重要性が示されている。これは出来事の正確なタイミングの時のダシャーシステムに付随している。

　30はアシュタカヴァルガシステムとして知られるインド占星術のユニークな道具を扱っている。このシステムは多くの労苦、正確さと同様、詳細への注意を含む一方で、ホロスコープチャートに賢明に適用させる時、素晴らしい結果を生じる。

　31は３つの重要点、即ちラグナ、月、太陽からホロスコープの複合的分析ができるスダルシャナシステムというパラーシャラの高度に役に立つ予言の道具を扱っている。スダルシャナシステムからのチャート分析の原則が説明されている。スダルシャナチャクラダシャーの採用は１年毎、月毎、日毎を基礎とした出来事の正確なタイミングをなす。ヴィムショッタリダシャー、ゴチャラとスダルシャナチャクラダシャーを統合化する重要性が強調されている。

17

ハウス支配星の配置

> それは一切の方角に手足を持ち、
> 一切の方角に目と頭と口を持ち、
> 一切の方角に耳を持ち、
> 世界において一切を覆って存在している。
>
> 「バガヴァバッド・ギータ第13章13」上村勝彦訳（岩波文庫）より

　異なるハウスのホロスコープが個人の人生の特定の領域を支配するように、いろいろな惑星はハウスの支配星であるので特定領域を支配する。例えば、第１室或いはラグナは、個人の身体或いは個人の健康を支配する。個人の肉体や健康に関わるいろいろなアスペクトは、結果としてラグナロードから判断される。同様に、財に関わる問題は、第２室の支配星及び第２室から判断される。或いは兄弟に関わる問題は、第３室及び第３室の支配星から判断される。

　12のハウスにおけるハウスの支配星の配置は、両方のハウス（ハウスの在住及びハウス支配）に対して固有の関わりをもつ。

　占星術の古典には、いろいろなハウスの異なるハウス支配星の配置によって生じる結果について簡単な説明が以下に述べるように記されている。これらの結果は、適切にいろいろに変化して個別のチャートに適用される。解釈の中で加味されて考慮されなければならない要素は、以下のものが含まれる。

（ⅰ）関わりのある惑星（支配星に加えて）の固有の性質

（ⅱ）その関わり或いはアスペクト

（ⅲ）分割図の惑星の状態

（ⅳ）期待が実を結ぶ時を決定するその時に機能しているダシャー

異なるハウスの第1室の支配星

ラグナロードは、それが生来的吉星であろうと凶星であろうと、それが在住するハウスの象意を表示する。

第1室：堅固な健康に関して：長生きの、勇敢な、思慮深い、非常にずるい、2人の妻をもつ、好色な、不動産の所有と利益

第2室：学識のある、繁栄する、宗教的傾向、長生きの、真面目な、自尊心の高い、何人かの妻をもつ、多くの徳で祝福される、土地や馬から稼ぐ

第3室：非常に勇敢な、ライオンのような、繁栄する、賢い、自尊心の高い、2人の妻をもつ、兄弟や親戚に祝福される

第4室：母親からやすらぎを得る、何人かの兄弟をもつ、感覚的な、徳のある、外見がよい、長寿の、父母への貢献、小さな欲望

第5室：すぐに怒る、誇り高い、支配者によって名誉を得られる、子供たちからの通常の慰め、第1子は生き延びない、長生きの、有徳の行為

第6室：健康に恵まれる、敵を破壊する、質素と富裕、土地から利益を得る、もし傷ついているならば病弱や敵からのトラブルを生じる

第7室：輝いている、外見がよく性質のよい妻、もしラグナロードが生来的凶星であるならば、妻を失うか離れる、貧しいか王になる、外国を彷徨う

第8室：長生きの、財を蓄積する、病弱な、好色の、盗癖のある、ギャンブラー、短気な、精神的追究によい、もし第8室の支配星が生来

的凶星であるならば、眼病に苦しむ、もし生来的吉星であるならば、外見がよい

第9室：幸運な、博学な、慈愛のある、ヴィシュヌ神への信仰、慈愛深い話し手、妻・息子・財に恵まれる、非常に有名である

第10室：学識のある、支配者からの名誉を得る、父親からの援助、武勇を通じての名誉と財の獲得

第11室：多方面の利益、よい性質、多くの妻、有名な、長生きの息子、安楽に生きる

第12室：肉体的快楽の喪失、価値のない事柄の追求、外国の居住、もし第12室に良い絡みやアスペクトがないならば、出費がかさむ、短気。良い絡みやアスペクトがあるならば、苦しみを軽減する

異なるハウスの第2室の支配星

第2室の支配星は、財を稼ぐ働きをする。

第1室：裕福な、倹約して、残酷な、多くの癒しに恵まれる、息子に恵まれる、彼自身の家族の肉体の苦痛のように他人を助けようとする

第2室：裕福な、金を稼ぐ、慰めを得る、誇り高い、2人ないし3人の妻をもつ、息子が少ない、他人に反対する傾向

第3室：徳のある、賢い、勇敢な、欲深い、感覚的な

【注記】
第2室支配の生来的凶星：双子であっても違った発達をする
第2室支配の生来的吉星：支配者に反対する
第3室における第2室支配の火星は泥棒である
第3室在住の凶星と関わる第2室の支配星：神の悪口を言う（神或いは徳のある存在に対して）

第4室：財運に恵まれる、忠実な、長生き、父親からの恩恵、もし木星、金星が高揚しているならば、その出生図の持ち主は王に匹敵する、第2室支配星としての火星はここではマラカとなる

第5室：裕福な、有能なので有名な、何人かの息子に恵まれる、財を稼ぐ
　　　　能力がある、病弱な

第6室：財産を築く、敵を破壊する、敵を通して財を稼ぐ

　　　　【注記】
　　　　もし凶星が関わるならば、財を失う、そして肛門や胸の病気

第7室：感覚的で金を稼ぐ妻、もし凶星によって傷ついているならその人
　　　　は医師になる、彼と彼の妻は享楽に耽る

第8室：土地と財産からの収入、妻からの慰めが減る、年上の兄弟から慰
　　　　めを奪われる、他人に対して害悪を及ぼす、施し者と慈悲に生き
　　　　る、自殺する傾向

第9室：裕福な、勤勉な、子供時代の健康に問題があるが後になってそし
　　　　て最後まで健康で快適になる、話が上手である

第10室：感覚的な、自己尊重的、学識のある、幾人かの婦人から祝福さ
　　　　れる、子供時代から慰めを奪われる、支配者を通じて金を稼ぐ

第11室：顔が広い、効率的な、人品卑しからぬ、永続する財運、裕福な、
　　　　多くの人の世話をする

第12室：勇敢な、勤勉な、一番上の子供からの慰めがない、財産を失う
　　　　傾向、もし第2室の支配星が生来的吉星であるならば有名な商
　　　　人になる

異なるハウスの第3室の支配星

第3室の支配星は、性的活動を含む活動を意味する。

第1室：勇敢でよく努力する人、裕福な、勇敢な、賢いが苛立ちやすい、
　　　　享楽に耽りがちである、偽造者

第2室：他人の妻と財を奪う、勇気がない、肥満の、冒険を行うことに興
　　　　味がない、やすらぎを奪われる、短命な、彼自身の所有者に反対

される

第3室：健康な、勇敢な、兄弟からの慰め、息子に恵まれる、家族や友人に助けられる、彼の教師や神への貢献

第4室：慰めを受ける、裕福な、賢い、彼の母親への敵対、残酷な妻をもつ

第5室：徳のある、息子による祝福、長生きの、他人を助けることに関わる、もし凶星がコンジャンクトしているかアスペクトしているならば妻は残酷である

第6室：兄弟への敵意、非常に裕福、母方の叔父の恩恵を受けない、母方の叔母の恩恵を欲する、眼病、病弱な

第7室：子供時代に困難があるが後によくなる、王の従事者、良い性質の妻

第8室：泥棒、卑屈な、支配者からの大きな罰、兄弟からの敵意

第9室：婦人を通して幸運を得る、父親からの恩恵がない、子供たちから助けを受ける、学識のある

第10室：彼自身の努力を通して財を得る、いろいろな慰め、邪悪な婦人の面倒をみる、支配者より名誉を与えられる

第11室：馬鹿な、弱い、病弱な、卑屈な、勇敢な、自分自身の努力を通して財を稼ぐ、肉体的享楽に耽る

第12室：邪悪な行為のために金を使う、父親が残酷である、婦人を通して金持ちになる、親戚と友達に反対される、外国を彷徨う

異なるハウスの第4室の支配星

第4室の支配星は、母方の財産や家庭の安寧を取り扱う。

第1室：母親からの癒し、教育による祝福、土地、乗り物、人徳等

第2室：財産を所有する、勇敢な、誇り高い、大家族をもつ、魅力的な人、身体的快楽を与えられる

第3室：寛大な、才能ある、勇敢な、施し物を与える、召使いによる祝福、彼自身の努力を通して財を稼ぐ、両親へのトラブルの源

第4室：莫大な財をもつ、賢い、まじめな、癒し、大臣、有名な、誇り高い、妻に執着する、父親にとっての財と地位の源泉、宗教的な行為を行う

第5室：身体的癒しを楽しむ、みんなに愛される、神への献身、彼自身の努力を通じて稼ぐ、長生きの、父親からの恩恵

第6室：母親からの慰めがない、短気な、邪悪な、思慮深い、姦夫（婦）、もし第4室の支配星が凶星であるならば、悪名を父親にもたらす、もし吉星であるならば財を蓄積する

第7室：いくつかの主題を知る、父親（先祖）の財産を放棄する、会議において発言できない

第8室：家庭の憩いがない、不能の、父母からの助けがない、残酷な、病弱な、邪悪な、身分の低い女性に生まれる

第9室：皆に愛される、多くの慰めで祝福される、誇り高い、有徳な、父親からの助けがない、父親から遠ざかる、学識のある、ヴィシュヌ神の崇拝者

第10室：支配者からの名誉を与えられる、非常に健康である、多くの慰め、自己抑制、科学の知識をもつ、父親が2人の妻をもつ

第11室：寛大な、他人を助ける、才能のある、慈悲を与えられる、病弱な、父親への貢献、徳のある行為を積む

第12室：家がない、愚かな、邪悪な、怠惰な、父親は外国に住む

異なるハウスの第5室の支配星

第5室の支配星は、過去世のカルマの結果を扱う。

第1室：抜け目のない、学識のある、子供からの慰めがない、他人の金を浪費する、有名な

第2室：多くの息子、多くの財、有名な、婦人に好かれる、歌と音楽に熟
　　　　達した

第3室：兄弟に好かれる、魅力的な人、陰口を言う人、倹約な、利己的な、
　　　　やさしい口調の、子供が兄弟の世話をする

第4室：母親からの慰め、裕福な、賢い、大臣或いは教師、先祖の仕事に
　　　　従事する、母親に尽くす

第5室：学識によって恩恵を受ける、誇りと子孫、最も有名な、有徳な、
　　　　吉星の影響下の第5室支配星は子孫に恵まれる、凶星の影響下で
　　　　は子供がいない

第6室：子供の病気、息子によって反対される、多くの敵、病弱な、貧し
　　　　い、敬意を欠く

第7室：宗教的傾向、誇り高い、他人を助ける、息子によって祝福される、
　　　　神と教師への貢献、徳ある妻

第8室：短気な、残酷な、悲惨な、子供がよくない、呼吸器系の病気

第9室：地位の高い息子、家族の間での名声、本の執筆者、詩や音楽の才
　　　　能がある、良き外見、王による名誉

第10室：王のように有名、多くの身体的喜び、徳のある行為を行う、母
　　　　親に対してよい

第11室：非常に学識がある、裕福な、有名な、著作に熟練した、多くの
　　　　息子から祝福される、友情に厚い、勇敢な、王の癒しを楽しむ

第12室：子供たちからの慰めを奪われる（或いは子供がいない）、外国を
　　　　彷徨う人

異なるハウスの第6室の支配星

第6室の支配星は、戦いと敵意を意味する。

第1室：不健康な、誇り高い、有名な、彼自身の努力によって富を得る、
　　　　有徳の、勇敢な、親戚や兄弟と敵対する、敵に打ち勝つ、信頼の

ある吉星の影響があるならば健康である

第2室：家族において有名な、勇敢な、雄弁家、外国に住む、義務に縛られる、病気、稼ぎと蓄財

第3室：兄弟への敵意、短気な、個人的努力をしない、戦いに苦しむ、邪悪な召使い

第4室：母親と不仲、思慮深い、他人への敵意、詐欺、安定して豊かな、父親との相互敵意、病気の父親

第5室：気紛れな友人と不安定な財、彼自身の子供への敵意、利己的、親切で幸福、彼の子供の手元で苦しむ

第6室：彼の部下と敵対する、外部の人間に友好的、平凡な財、よい健康

第7室：妻からの喜びがない、財と徳とで祝福される、勇敢な、敵意と短気な妻、子供をもつ能力がない

第8室：病気の、徳がある人からの敵意、財と他人の妻を所有することに熱心、不潔な

【注記】
第8室在住の第6室支配星による死の原因は以下のとおりである。
第8室在住の第6室支配の土星：腰の病気
第8室在住の第6室支配の火星：蛇に噛まれる
第8室在住の第6室支配の水星：毒（そして　敗血症）
第8室在住の第6室支配の月：低体温、水に対する病気
第8室在住の第6室支配の太陽：ライオン（肉食性の動物）
第8室在住の第6室支配の木星：混乱した智恵（精神病）
第8室在住の第6室支配の金星：眼病

第9室：材木を取り扱い、不安定な収入、経典を信じない人、兄弟との敵対、足の不自由な人

第10室：家族の中で有名、演説者、父親に献身的でない、母親と敵対する、外国でのやすらぎのある生活

第11室：勇敢な、誇り高い、徳のある、反対者から利益を得る、敵の手で死ぬ、泥棒に苦しむ、四足獣からの利益

第12室：教養ある人への敵意、邪悪な行為にお金を使う、生き物の殺し屋、四足獣を通してお金を失う、放浪者、宿命論者

異なるハウスの第7室の支配星

第7室の支配星は、パートナーシップと関係性を意味する。

第1室：姦婦（夫）、邪悪な、非常に賢い、よい外見、身体的喜びを与えられる、妻に執着する、ヴァータ関連の病気に苦しむ

第2室：何人かの女性と交際する、親しいにもかかわらず女性から遠ざかる、女性を通じて稼ぐ、ゆっくりした動作

第3室：精神的な強さをもつ、情の深い、妻が流産で苦しむ

第4室：誠実で宗教的である、妻が享楽に耽る、歯の病気、父親の敵と交際する

第5室：裕福な、誇り高い、徳のある、議論好きな、妻が子供によって面倒を見られる

第6室：病気の妻、妻との相互の敵対、すぐに怒る、悲惨な、彼の妻の手によって苦しむ

第7室：よき妻、学識のある、有名な、ヴァータ関係の病気に苦しむ

第8室：病弱の或いは悪妻、妻を奪われる、姦婦（夫）、悲惨な

第9室：妻と交際する傾向、有名な、よき性質

第10室：宗教的傾向、財産や子供に恵まれる、従順でない妻、身体的喜びを与えられる

第11室：妻を通してお金を稼ぐ、多くの娘、美しい徳のある妻

第12室：貧しい、衣服の取り扱い業者、妻を通しての出費、妻に騙される

 ## 異なるハウスの第8室の支配星

第8室の支配星は、妨害と剥奪を表す。

第1室：身体的楽しみを奪う、神やブラーミンの悪口を言う、身体的怪我、禁じられた行為に従事する

第2室：弱い武装、わずかな財、稼ぎを失う、短命な、盗癖のある、多くの敵、支配者に処罰される

第3室：怠惰な、兄弟から楽しみを奪われる、弱い、友達や兄弟と敵対する、移り気の

第4室：友達を欺く、母親から家・土地・楽しみを奪われる、父親と敵対する

第5室：限られた子孫、裕福な、長生きの、貧困な知性、出産で苦しむ

第6室：子供時代の病気、敵に打ち勝つ、水や爬虫類を恐れる

【注記】
第6室在住の第8室支配の太陽：支配者に敵対する
第6室在住の第8室支配の月：病弱な
第6室在住の第8室支配の火星：短気な
第6室在住の第8室支配の水星：臆病な
第6室在住の第8室支配の木星：病気にかかった四肢
第6室在住の第8室支配の金星：眼病
第6室在住の第8室支配の土星：口の不自由な病気

第7室：2人の妻、お腹の病気、邪悪な、第8室の支配星が凶星と関わる時、ビジネスにおいて損失があり妻の手で苦しむ

第8室：長生きの、よい健康、嘘つきの、有名な、もし第8室の支配星が弱いならば普通の寿命

第9室：無神論者、罪人、他人の妻や財産を欲しがる、狡猾な妻、生物の殺し屋、口の不自由な病気

第10室：父親からやすらぎを奪われる、努力しない性質、支配者に仕える

第11室：子供時代の悲惨、晩年における繁栄、もし悪い交際をするならば貧乏、もしよい交際をするならば長生きする

第12室：邪悪な行為に金を使う、残酷な、病弱な身体、盗癖のある

異なるハウスの第9室の支配星

第9室の支配星は、幸運と徳を表す。

第1室：学識がある、外見がよい、王により名誉を与えられる、幸運な、
　　　　小欲、神と教師に貢献する
第2室：感覚の鋭い、妻と子供に祝福される、裕福な、学識のある、愛す
　　　　べき、口腔の病気
第3室：非常に良い外見、裕福な、有徳の、兄弟親戚と美しい妻に恵まれ
　　　　る
第4室：母親に献身、有名な、家・土地・乗り物を所有する
第5室：訓戒者への献身、宗教的傾向、学識のある、幸運な息子、徳があ
　　　　る
第6室：敵に苦しめられる、母方の叔父からのいたわりがない、宗教的行
　　　　為を追求し従事する、病弱な
第7室：忠実で美しい献身的な妻に恵まれる、徳がある
第8室：不運な、兄からのいたわりがない、生物の殺し屋、邪悪な、非宗
　　　　教的な
第9室：非常に幸運な、よき外見、徳のある、兄弟に恵まれる、宗教的傾
　　　　向
第10室：徳がある、有名な、王とともに高い社会的地位、宗教的行為に
　　　　従事する、両親への貢献
第11室：徳のある、敬虔な、定期的収入、長生きの、宗教的行為に従事
　　　　する、裕福で有名な
第12室：不幸な、宗教的行為と慈善活動で財を失う、外国で名誉を得る、
　　　　学問的な、よき外見

異なるハウスの第10室の支配星

第10室支配星は、本人の職務・役割を示す。

第1室：学識のある、徳のある、幼年時代は病弱だが後に丈夫になる、次第に財が増加する、父親への貢献、母親への敵意

第2室：徳のある、裕福な、支配者により名誉を与えられる、慈善を施される、母親への敵対、貪欲な

第3室：勇敢な、徳のある、よき話し手、正義の、兄弟や召使いに恵まれる、近隣の人や親しい人と敵対する

第4室：繁栄する、徳のある、土地・馬・乗り物・身体的癒しに恵まれる、母親と父親への貢献

第5室：財・子供・学識に恵まれる、健康な、敬虔な行為に従事、支配者による支持、歌と音楽を好む

第6室：敵に虐待される、技術はあるが貧しい、父親からのやすらぎがない、喧嘩好き、健康である

第7室：よき妻、徳のある、思慮深い、敬虔な宗教的行為

第8室：長生き、他人を悪く言う、しぶしぶ事業に従事する、残酷な、邪悪に対処する

第9室：財と息子に恵まれる、王かそれと同等、よき性質、価値ある友達

第10室：誠実な、勇敢な、非常に有能な、やすらぎに恵まれる、母親にやさしい

第11室：財産・息子・徳に恵まれる、誠実な、満足した、長生きの、母親による世話

第12室：賢い、心配な、敵対者による恐怖、王を通じての出費に苦しむ、もし第10室の支配星が凶星ならば本人は放浪するか外国で働く

第11室の支配星は、増殖装置である。

第1室：裕福な、サットヴァな性質[1]、詩人、みんなを平等に扱う、お金の定期的な流入、強く勇敢な、短命な（ある説によれば）

第2室：非常に裕福な、安楽と精神性に恵まれる、宗教的行為と慈善の行為、病弱な、短命な

第3室：非常に有能な、多くの兄弟、敵を破壊する、腹部の痛みに苦しむ

第4室：母親を通じて裕福な、土地や家に恵まれる、巡礼に行く、長生きの、父親への献身、ふさわしい時に適切な事をする傾向

第5室：学識のある、宗教的行為に従事する、安楽に生きる、徳のある息子、父親との相互の調和

第6室：病弱な、残酷な、敵に虐待される、外国に住む、力強い敵、もし第11室の支配星が凶星であるならば、本人は泥棒の手によって外国で死の苦しみにあう

第7室：徳のある、感覚の鋭敏な、寛大な、妻に卑屈である、妻の周りの人々を通して稼ぐ、長生きの、高い社会的地位

第8室：失敗、長生きの、彼の前に妻が先に死ぬ、病弱な

第9室：支配者による恩恵、裕福な、誠実な、宗教に熱中する、非常に学識がある

第10室：王により名誉を与えられる、よく自己統制がきく、誠実な、徳のある、彼自身の宗教に従う、長生きの、母親に忠実な、父親に敵対

第11室：すべての行為から得る利益、学識と世俗的所有を通して有名、長生き、多くの息子と孫に恵まれる、良き外見

第12室：よその土地の異教徒と交際する、感覚の鋭敏な、何人かの女性

※1　3つの精神の構成要素の内の1つで純粋性を意味する。

からの身体的癒しを得る、宗教的行為にお金を使う、犯罪へ走る、慢性病に苦しむ

異なるハウスの第12室の支配星

第12室の支配星は、分配者或いは損失である。

第1室：出費を倹約する傾向、弱い体、貧乏な、愚かな、外国の住民、良き外見、未婚か性的不能者、カパに関係する病気に苦しむ

第2室：宗教的傾向、やさしい上手な話し手、良い行いにお金を使う、穏やかな、泥棒・火事・国王からの恐れ

第3室：兄弟を失うか或いは彼らと離れて住む、1人で暮らす、他人とうまくいかない、倹約な

第4室：土地・家・乗り物・母親からの恩恵に恵まれない、病弱な、息子によって反対される、悲惨な

第5室：息子のためにお金を使う、息子と学識を失う、巡礼に行く傾向

第6室：短気な、悲惨な、罪人、大衆への敵意、妻以外の女性と溺れる、第6室における第12室支配の金星は盲目に導く

第7室：妻への支出、妻からの慰めに欠ける、弱く愚かな、邪悪な、妻からの手によって苦しめられる

第8室：やさしく上手な話し手、ほどよい生活空間、良い性質に恵まれる。財を得る

第9室：利己的な、友人や訓戒者に対して敵対する、巡礼に行く

第10室：父親からのやすらぎがない、支配者との交際を通してお金を失う、他人の妻とぶつかる、子供のために財を築く

第11室：裕福な、チャートに財運に恵まれるコンビネーションがあっても出費に苦しむ、長生きの、有名な、誠実な

第12室：けちな、すぐに怒る、病弱な、短命な、牛の世話をする、有名な

⊛ 記憶すべき要点

　上記で述べられた結果は、注意深く適用されなければならない。次のポイントが配慮されなければならない。

1. 2つの惑星を支配する惑星は両方のハウスを代表する。それゆえに、両方のハウスに関わる結果を得る。
2. 2つの支配星のために相互に矛盾ある結果が示される時、それらは効力を失う。
3. 2つの支配星のために異なる結果が示される時、それらは見逃される
4. 強い惑星が十分な結果を生む。惑星が弱い時、結果は弱いものとなる。
5. 何らかの結果は、適切なダシャーが働くときに起こる傾向がある。

　　【注記】
　　デリーにおける我々のアカデミックなグループによって行われた研究において、我々はいろいろ革新的なやり方で異なるハウスの支配星の配置を用いた。例えば、第12室における第11室の支配星は、外国に住む兄姉を意味することができる。また、輸出或いは輸入ビジネス等、変化した時間の文脈での新しい意味はチャートを解釈する時視点を失ってはいけないし少なくとも過ちを犯してはいけない。

18

異なるハウスの惑星

> アルジュナよ、見よ。
> 幾百、幾千と、神聖にして多様なる私の姿を。
> 種々の色や形をもつ姿を。
>
> 「バガヴァバッド・ギータ第11章5」（上村勝彦訳　岩波文庫）より

　我々は異なるハウスにおけるハウス支配星の配置の結果についてすでに検討してきた。ここで我々は異なるハウスのハウス支配星とは関係のない、いろいろな惑星の配置について簡単に説明しておく。このアスペクトの適切な理解が正しい予測にとっての基礎となる。

　異なるハウスにおける惑星の配置は、惑星の固有の性質とハウスに関わる表示体の間の相互作用に関係する。このような惑星配置の結果は、以下で述べるように、インド占星術の古典から取られている。これらの結果は、それらを現代の文脈にも首尾一貫させる適切な調整をして、科学者の開明さをもって個々のホロスコープに適用させなければならない。

太陽

　太陽は第3、6、10、11室においてよい作用をする。

第1室：薄い体毛、怠惰な、残酷な心、短気な、高い身長、傲慢な、勇敢な、容赦のない、乾性眼、欠損視野

　　　　【注記】
　　　　(i)　牡羊座ラグナ（高揚）＝弱視
　　　　(ii)　蟹座ラグナ＝白内障
　　　　(iii)　獅子座ラグナ（定座）＝強い鳥目
　　　　(iv)　天秤座ラグナ（減衰）＝盲目、貧困、子供に恵まれない
　　　　(v)　魚座ラグナ＝婦人に仕えられ奉仕される

第2室：王を通じての財の損失、顔或いは歯の病気、下手なスピーチ、非常な金持ち

第3室：勇敢な、裕福な、自由で強い、兄弟を失う、学識のある、敵に打ち勝つ

第4室：家庭のやすらぎを失う、友達・親戚・土地や家がない、心臓病

第5室：子供がいない、短命な、貧しい、心配性の、賢い、さすらい人

　　　　【注記】
　　　　　第5室における太陽は最初の子供、特に息子に対する縁がよくない。

第6室：目の屈折症、強力な、非常に金持ち、有名な、勝利の、王或いは判事、旺盛な食欲と消化

第7室：貧しい、邪悪な、恥辱に苦しむ、醜い容貌、病弱な、婦人への敵意、禁断の道を歩む

第8室：財や癒しの欠乏、少ない子供、短命な、近隣の親しい人を失う、眼病

第9室：財・友達・息子と幸福に恵まれる、神とブラーミンへの貢献、父親への敵意

　　　　【注記】
　　　　　太陽は父親の表示体である。第9室は父親を表す。関連あるハウスの表示体は一般的に関連ある表示体を傷つける。

第10室：有名な、賢くて力強い、非常に裕福、息子と親戚に祝福される、完成に向けて事業を追求する、征服されない、王に匹敵する

第11室：裕福な、力強く有能な、いろいろな慰めを楽しむ

第12室：身体的不快、眼病、定められた行動から脱落、さすらい人、父親からの敵意

月

　月はもし吉星の影響下にないならば、バラリシュタ（幼児期の死）が原因となる第6、8、12室に対して敵対的となる。

第1室：狂気の、難聴、邪悪な、唖、精神錯乱、暗い性質、醜い容貌、もし月が凶星の影響下にあるならば、その出生図の持ち主は長生きしない。これらの結果はラグナが同じである牡羊座、牡牛座、蟹座の場合には当てはまらない。

　【注記】
　(i)　牡羊座ラグナ：多くの子供たち
　(ii)　牡牛座ラグナ（高揚）：裕福な、有名な、外見がよい
　(iii)　蟹座ラグナ（定座）：裕福な、有名な、外見がよい
　(iv)　ラグナにおいて満月：恐れ知らず、裕福な、長生き

第2室：話し上手、裕福な、身体的快楽、女好き、大家族、口数が少ない

第3室：徳のある、勇敢な、兄弟からの恩恵、教養のある

第4室：幸福な、超然とした、学識がある、感覚の鋭い、ウォータースポーツを好む

第5室：子供や財・学識に恵まれる、裕福で学識がある、臆病な

第6室：短命な、柔らかい皮膚、短気な、反対者とのトラブル、腹部の不調

第7室：よい外見、性欲過多、美しい妻をもつ、さすらい人

第8室：賢く学識がある、狡猾な、病弱な、短命な

第9室：義務に従う、癒し・裕福・学識、そして子供たちに恵まれる、婦人に好かれる

第10室：裕福な、信心深い、有能な、力強く自由な、事業を完成に導く

第11室：財産と名声、勇敢な、思慮深い、息子たちに恵まれる、長生きの

第12室：怠惰な、屈辱の、悲惨な、落ちぶれた、目の病気の、外国に住む

火星

　火星は第3、6、19、11室においてよい。第1、4、7、8そして12室において結婚生活に対して凶作用をするクジャドーシャと呼ばれるものを生み出す。

第1室：残酷な、向こう見ずな、移り気で病弱な、短命の、体の怪我
第2室：学識がない、財産・よい食事・よい仲間を奪われる、口内の病気、さすらい人
第3室：勇敢な、力強い、征服できない、徳のある、公正な、弟妹への敵意
第4室：家・土地・金・母親、そして友人を奪われる、勇敢な
第5室：移り気、不正義と邪悪、子供・財・友達を失う、心の平和を失う
第6室：好色な、力強い欲求と消化力、敵の絶滅、指導者
第7室：邪悪な、病弱な、妻を失う、痩せた体型の、貧しく喧嘩好き
第8室：悲惨な、病弱な、短命な、禁断の行為に耽る、傷つけられた身体
第9室：反逆者或いは殺人者、非宗教的な、罪人、支配者による恩恵、両親への敵対
第10室：残酷な、自由な、勇敢な、王に匹敵する、有名な、高い評価を受ける
第11室：裕福な、好色な、勇敢な、願望成就の喜びに達する
第12室：残酷な、不快で邪悪な、妻を失う、監禁に苦しむ、悲惨な、眼病

水星

第1室：健康な、やさしい上手な話し手、学識のある、数学者或いは学者、経典に精通している、長生きの
第2室：よいスピーチ、学識のある、裕福な、美食を楽しむ
第3室：動揺する性質、厳しい肉体労働を課せられる、欺く、魔法使い、よき兄弟姉妹

第4室：非常に学識と学問がある、財・乗り物・家・肉体的快楽・友達に
　　　　恵まれる

第5室：学問を通して名声を得る、マントラに精通（強力な呪文を唱え
　　　　る）、多くの息子、勇敢で幸福な

第6室：短気で喧嘩早い、議論好き、敵対者の征服者、怠惰な、病弱な、
　　　　近隣の人を助けない

第7室：知識の豊富な、賢く有名な、裕福な妻

第8室：有名な、長生きの、王に匹敵する、判事

第9室：富裕で学識のある、よい話し手、非常に賢い、徳があり公平な

第10室：学識のある、力強い、公平な行為をする、有名で有能的な

第11室：長生きの、誠実な、知的な、裕福な、有名で肉体的喜びに耽る

第12室：怠惰な、不快で悲惨な、学問があり優しい上手な話し方

木星

第1室：学識のある、恐れ知らずで長生き、良き外見、バランスのとれた
　　　　外見、裕福な

第2室：裕福な、雄弁な話し手、良き外見、よい食べ物を好む、他人を助
　　　　ける、気前のよい

第3室：兄弟や妻に従う、貪欲な、邪悪で悲惨な、敵に打ち勝つ、消化力
　　　　がない、兄弟弟妹に対してよい

第4室：癒し・財・乗り物・智恵及び近隣の親しい人に恵まれる。敵を貶
　　　　める人、良き外見、幸福な

第5室：学識があり有名な、裕福で徳がある、大臣、息子のために苦しむ

第6室：怠惰な、敵を破壊する、乏しい消化力、嬶天下、非常に有名な、
　　　　身体的に弱く好色な

第7室：学識があり有名、父親をしのぐ、良き妻と息子に恵まれる

第8室：悲惨な、卑屈な、サービス業で稼ぐ、不潔な、姦通、長生きの

第9室：信心深く学問がある、裕福で有名な、息子に恵まれる、指導者或
　　　　いは大臣

第10室：事業の完遂をめざす、智恵の所有、財と徳がある

第11室：裕福な、着実で長生きの、少ない息子
第12室：怠惰な、優柔不断で邪悪な、卑屈な、子孫がいない

金星

第1室：良き外見、愛される、学識のある、幸福で長生き
第2室：裕福な、優雅な、よき話し手、詩人
第3室：むやみに欲しがる、豊かな、妻によるコントロール、身体的冒険の傾向
第4室：よい家、装飾品、衣服と乗り物、良き外見、誇り高い、恐妻家
第5室：裕福な、感覚の鋭い、高い地位、癒し、息子・友達を得る、良き外見
第6室：敵から免れる、貧しく悲惨な、多くの女性との交際、妻からの喜びがない、評判が悪い
第7室：喧嘩好きの、好色な、可愛らしい外見、美しい身分の低い女性との交際
第8室：長生きの、富裕な、多くの身体的慰め、王に匹敵する、満足のいく
第9室：学識と財がある、妻子と友達と他の身体的楽しみ、宗教的傾向
第10室：高い社会的地位、力強い、財と名声、女性に助けられる
第11室：裕福な、妻以外の女性との交際、苦痛と悲惨から免れる
第12室：怠惰な、失敗、洗練された恋人、堕落した

土星

第1室：悲惨な、怠惰な、好色な、醜く病弱な、欠陥のある四肢、悪臭のする身体

　　　【注記】
　　　　もし土星がラグナにあり以下のようであるならば、非常に良い結果をもたらす。
　　　（i）　高揚の星座（天秤座）
　　　（ii）　定座（山羊座と水瓶座）
　　　（iii）　木星支配の星座（射手座と魚座）

これらのすべてにおいて、ラグナの土星は人を王、村長、町長に匹敵する者にする、長生き、徳と学問がある

第2室：貧困な、不誠実で極貧な、口腔の病気に苦しむ、晩年に住居の場所を手放す、財を稼ぐ、所有と癒し

第3室：邪悪な傾向、怠惰な、強い、自由で智恵に富む、裕福な

第4室：母親と敵対、近くの親しい人と離れる、賢く豊か、幼い頃に病弱

第5室：狂気の、移り気な、不幸な、息子から離れる、癒しと智恵、敵に打ち勝つ

第6室：裕福な、貪欲、非常に好色な、良き外見、敵に虐待される

第7室：病弱な、極貧の、病弱の妻、不潔で反抗的

第8室：初めは英雄的で攻撃的、後に力とお金を失う、肛門周囲の疾患

【注記】
　　第8室の土星は一般的に健康に恵まれ長生きである。

第9室：非宗教的な、不幸で極貧の、父親と敵対、他人を傷つける

【注記】
　　占星術の予言は統合的な技術であり、ただ1つの要素の上に行われるものではない。例えば、第9室の土星は近年において2人の偉大な精神的巨人を生み出した。それはスワミ・ラーマクリシュナ・パラマハンサとマー・アーナンダモイエーである。
　　スワミ・ラーマクリシュナ・パラマハンサのホロスコープは次頁。

第10室：学識のある、裕福で力強い、判事或いは指導者、誇り高く英雄的

第11室：安定した名声、よい健康、たくさんの財、官能的で長生き

第12室：不完全な視点、吝嗇（りんしょく）な、恥知らずで悲惨な、指導者

ラーフ

ラーフは第3、6、10、11室において吉星である。

第1室：残酷な、裕福だが短命、勇敢だが邪悪で無慈悲、醜い髪・爪・顔立ち、上半身の病気

スワミ・ラーマクリシュナ・パラマハンサのホロスコープ　1936年2月18日生

La	ラグナ	3°13′	Ju(R)	木星逆行	14°33′
Su	太陽	6°53′	Ve	金星	9°04′
Mo	月	22°04′	Sa(R)	土星逆行	13°41′
Ma	火星	22°15′	Ra	ラーフ	2°31′
Me(R)	水星逆行	15°08′	Ke	ケートゥ	

【注記】
(i)　牡羊座、蟹座、獅子座のラグナにあるラーフ：喜びと豊かさ
(ii)　吉星にアスペクトされているラグナにあるラーフ：癒しと楽しみを
　　　生み出す

第2室：喧嘩好きの、貧乏な、窃盗の、王の支持により金を稼ぐ、不明瞭
　　　　なスピーチ、口腔の病気、隠された意味を語る、動物の皮膚の取
　　　　引或いは魚の販売取引

第3室：裕福な、勇敢で誇り高い、長生きの、兄弟に反対される、息子・
　　　　妻・友達・身体的楽しみに恵まれる、もし高揚しているならば乗
　　　　り物と召使に恵まれる。

【注記】
　　　　ラーフは牡牛座で高揚する。

第4室：貧困な、愚かな、短命な、財と身体的楽しみを失う、妻と敵対す
　　　　る

第5室：すぐに怒る、子供にとって有害な、同情心のある、恐怖症に苦し

む、お腹の病気

第6室：敵による虐待、敵の絶滅、財や子供やいろいろな身体的慰めに恵まれる、姦通を行う、肛門の病気、長生きの

第7室：女性を通して財を失う、姦婦（夫）、妻を失う、邪悪な、勇敢な、病気の

第8室：短命な、ヴァータに関わる病気に苦しむ、子供が少ない、邪悪で悲惨な、恐れを知らない、肛門の病気、怠惰な

第9室：グループ・村・町のリーダー、父親と敵対する、残酷な、醜い衣装、反対者によって虐待される

第10室：恐れを知らない、他人を助ける、有名な、感覚の鋭い、不法行為に携わる、学識のある、財と大臣、孤立した、放浪者

第11室：裕福な、長生きの、子供が少ない、戦いに熱心な、監視下で冷静な感覚を保つ、良き外見、言葉の少ない人、経典に精通する、外国に住む、耳の病気に苦しむ

第12室：やすらぎ・財・徳の喪失、不道徳、秘密の悪事、偽善、病弱な、水関連の病気に苦しむ、外国で暮らす

ケートゥ

他の凶星のように、ケートゥも第3、6、8、11室にてよい。

第1室：病弱な、貪欲な、心配性の、住居や社会的地位から離れる、邪悪な者からの恐怖、傷ついた肉体、ヴァータ関連の乱れに苦しむ

【注記】
(i)　吉星にアスペクトされたラグナにあるケートゥは王子のような楽しみがある
(ii)　土星の星座において、ラグナにおいて、裕福で子供に恵まれる

第2室：学識と財を奪われる、眼病或いは口腔の病気、不明瞭なスピーチ、近隣の親しい人の反対、他人の家の世話になる

【注記】
生来的吉星のサインに位置するならば身体的楽しみがある。

第3室：徳のある、裕福な、好戦的な、敵を破壊する、感性豊かな、長生きの、友達と兄弟が少ない、上肢の痛み

第4室：母親・財・先祖の土地・家を失う、遠方の他人の家に住む、悪意あるゴシップを好む

第5室：腹部の病気、恐怖症、水を恐れる、学識と子供の不足

第6室：敵の絶滅者、健康である、寛大で学識がある、母方の叔父による虐待、四足獣を通しての利益

第7室：妻からの慰めがない、愚かな、放浪者、邪悪な女性と交際する、腸と精液の病気、財の損失、水に対する恐れ、虐待に苦しむ

【注記】
　蠍座の第7室におけるケートゥ（高揚）は多くのよい作用がある。

第8室：肛門の病気、近隣の親しい人との別れ、事故か武器による怪我、財産や他人の妻に対する強欲な欲求、病弱で不道徳

【注記】
　牡羊座、牡牛座、双子座、乙女座、蠍座の第8室のケートゥは財を獲得する。

第9室：短気な、雄弁な、子供を欲しがる、父親への敵対、兄弟姉妹を失う、傲慢な、上肢の病気、メルチャチャ（外部の異教徒）の助けを通じて幸運になる

第10室：力強い、有名な、残酷な、敵を破壊する、自己についてよく知っている人、父親からのやすらぎがない、外見がよくない、放浪者

【注記】
　第10室のケートゥは牡羊座、牡牛座、乙女座、蠍座にあると敵を絶滅する。

第11室：勇敢な、力強い、有名な、徳のある、学識がある、外見がよい、恐れる、邪悪な息子

第12室：不道徳な、密かに罪を犯す、足・脚・肛門と目の病気、戦争における征服者、良い行為にお金を使う、詐欺の

月から見た異なるハウスの惑星

　インド占星術の古典『マナサガリ』では、月との関係における惑星配置の特定の結果を述べている。これは予測占星術における月の重要性を強調している。月は予測に関してラグナ或いはアセンダントとほとんど匹敵するものとして重んじられる。以下に、月から考慮される異なるハウスに在住する惑星の簡単な結果を記す。

太陽

第1室：遠くからの旅行者、喜びに浸る、戦う傾向
第2室：召使に恵まれる、威厳を保つ、支配者からの名誉
第3室：財を望む（金）、貞節な、多くの人を支配する（王のように）
第4室：母親の殺人者（母親を傷つける原因となる）
第5室：娘を通じてのトラブル、多くの息子
第6室：敵の征服、クシャトリアの仕事
第7室：美しい妻との交際、よい性質、王による名誉、修行者
第8室：戦いを起こす。多くの病気
第9室：宗教への傾倒、誠実な、親戚の手で苦しむ
第10室：極端に金持ち、金持ちに賞賛される
第11室：王の威厳、いくつかの知識分野に精通している、有名な、家族をリードする
第12室：片目

火星

第1室：赤い目、赤ら顔、血を流す怪我
第2室：土地を所有する、農業を行う息子
第3室：よい性質で穏やかな4人の兄弟をもつ
第4室：癒しと財を失う、妻の喪失
第5室：息子に恵まれない、もし妻のラグナに火星があるならば、確実に

子供に恵まれない

第6室：ダルマに反しがちである、病気や他人への憎しみ

第7室：悪い性質と悪い気性の妻

第8室：罪人、殺人者、良い性質や誠実さを奪う

第9室：裕福な、年をとってから息子をもうける

第10室：慰め、合理的、お金

第11室：宮廷で有名、威厳のある、ハンサムな

第12室：母親を含むすべてを傷つける

水星

第1室：癒しや良き外見を失う、言葉がきつい、思考力が低い、活動的な

第2室：裕福な、家をもつ、親戚と金、寒さから生じる病気で死ぬ

第3室：富と財産をもつ、偉人や支配者との関わりからの利益

第4室：非常に快適な、母親の関係からの利益

第5室：知的な、学識のある、良き外見、感覚的な喜びに浸る、きつい言葉

第6室：悲惨な、臆病な、葛藤に怯える、毛深い体に大きな目

第7室：女性によって支配される、悲惨な、裕福な、長生きの

第8室：冷え症、支配者の中で有名な、敵に恐れられる

第9室：自身の宗教の反対者、他人の宗教に浸る、すべてに反対する、自然に対して無感覚

第10室：ラージャヨガに恵まれる、もし第10室に月が入っているならばその人は家族のリーダーである

第11室：それぞれの段階で利益を得る、11歳で結婚する

第12室：悲惨な、彼の息子は決して勝てない（いつも負ける）

木星

第1室：長生きの、病気しない、力強い、裕福な

第2室：支配者に尊敬される、100年生きる、素早い動作、勇気がある、人徳がある

第３室：女性に好かれる、父親は17年にわたり財を得る

第４室：やすらぎを失う、母方との衝突、他の家に奉仕する

第５室：よい視力、勇敢な、息子達の恩恵、裕福かつ他者を支配する

第６室：無関心な、家の喪失、長寿だが病気がちか下品な行動に走る

第７室：長生きの、言葉がやさしい、健康な、性的不能な、偏見な、家族
　　　　の指導者

第８室：身体的病気と多くの不満

第９室：裕福な、徳のある、宗教的指導者や神への奉仕

第10室：修行者になるために妻や息子のもとを去る

第11室：息子に恩恵を受ける、乗り物、王としての威厳

第12室：近隣の親しい人の反対、もし木星がラグナからみて第６室にア
　　　　スペクトするならばその人は穏やかな人である

金星

第１室：水死、麻痺、暴力死

第２室：裕福な、学者、王のように勇敢な

第３室：宗教的傾向、賢い、外部の異教徒から稼ぐ

第４室：冷静な気質、弱い体、年をとってからのお金の喪失

第５室：多くの娘たち、豊かな、無名の

第６室：浪費する、戦いの敗者

第７室：人生の目的のない、愚かな、疑い深い

第８室：有名な、闘士、寛大な、裕福な、いろいろの癒しを得る

第９室：多くの兄弟、多くの姉妹、多くの友達

第10室：両親に癒しを与える、長生き

第11室：長生きの、病気をしないし反対者もいない

第12室：他人の妻との交際、わいせつな、愚かな

土星

第１室：健康悪化、友達や親戚との敵対

第２室：母親にとって悪い、山羊のミルクで生きる

第３室：誕生後まもなく何人かの娘は死ぬ

第４室：人生の目的を示す、敵を滅ぼす

第５室：暗い顔立ちの優しい言葉の妻

第６室：アルパーユ（短命）、多くのトラブル

第７室：宗教的な、寛大な、多くの女性と結婚する

第８室：父親に対して悪い、寄付をすることによって悪い効果が消滅する

第９室：土星ダシャーにおける財の損失

第10室：王に匹敵する、悲惨な、裕福な

第11室：健康によくない、非宗教的な

第12室：貧しい、乞食、非宗教的な

ラーフ

第１、10、９室：王のように高齢になっても裕福な人のままでいる

第６室或いは第12室：王或いは大臣、裕福な

第４室或いは第７室：両親にとって悪い、不幸な

第２室或いは第11室：財と名誉にも関わらず癒しがない

第５室：溺死、癒しがない

19

異なる星座の惑星

> 見よ、アーディティヤ神群、
> ヴァス神群、ルドラ神群、
> アシュヴィン双神、マルト神群を。
> いまだかつて見たことのない、多くの驚異を。
>
> 「バガヴァバッド・ギータ第11章6」（上村勝彦訳　岩波文庫）より

　いろいろなハウスの支配星の位置や異なる星座の惑星が予測において重要であるように、惑星と星座との間の相互作用の結果として起こるホロスコープの表示も重要である。

　惑星の固有の性質は、それが位置する星座に応じて修正される。占星術の古典作品によれば、異なる星座に惑星が配置される時、惑星に与えられる簡単な象意は以下のようである。しかしながら、以下に述べられる結果の文字どおりの適用は避けなければならない。

異なる星座にある太陽

牡羊座：勇敢な、戦士、著作で有名な、さすらい人、積極的な、強い骨、
　　　　血とピッタの不安定により傷つく、財の不足、武器をもつ生活か

ら生計費を稼ぐ、もし太陽が高揚しているならば敵対星の影響は
最小限となる

【注記】
　太陽は牡羊座10度で高揚する。牡羊座は積極的な惑星である火星の星
座であり、骨の骨髄を支配している。牡羊座はまた活動星座であり、即
ち放浪者である。

牡牛座：寛大な、賢い、上手な人間関係、罪深い行動に加えて香りと衣服
　　　　を通じて稼ぐ、女性との交際を嫌う、楽器の操作がうまい、口腔
　　　　と耳の病気に苦しむ
双子座：外見がよい、学識がある、裕福な、弁舌が巧み、占星術に精通す
　　　　る、鋭い学習者、有名な、2人の母をもつ
　蟹座：貧しい、無知な、卑屈な、父親や他の親しい人との敵対、過酷な
　　　　労働に苦しめられる、話し上手、宗教的傾向、欺き、カパとピッ
　　　　タの病気、王の振る舞いをする（もし吉星の影響の下にあるなら
　　　　ば）

【注記】
　太陽は王の惑星である。蟹座はまた王室の惑星である月によって所有
されている。

獅子座：短気、敵の破壊者、いくつもの丘やジャングルを頻繁に行く、強
　　　　さと活力に満ちている、学識ある、多くの芸術に熟達している、
　　　　肉食を楽しむ、豊かな、王の振る舞い、一貫した、耳の病気に苦
　　　　しむ
乙女座：女性のような肉体をもつ、身体的に弱い、文筆・絵画・詩・数学
　　　　の才能がある、内気な性質、言語の才能がある、年長者への尊敬、
　　　　巧みな弁舌、お金を稼ぐ才能
【注記】
　乙女座は文字どおり「乙女」を意味する。この星座にある太陽は繊細
な肉体を与える。

天秤座：犯罪者、敵に打ち勝つ、卑屈な、喧嘩早い、財の不足、酒の蒸留
　　　　器、金細工人或いは鉄工、首尾一貫しない、他人の妻に興味をも

つ、支配者による屈辱、勇敢な（向こう見ずな）

【注記】
　　太陽は天秤座10°で減衰する。

蠍座：喧嘩早い、短気な、戦いを始めるのが素早い、巧みな武器の使用、
　　　残酷かつ大胆、相手の両親と敵対する、毒・武器或いは火によっ
　　　て傷つけられる傾向、稼ぎを浪費する、宗教的原理の規定された
　　　規範に従う

射手座：裕福な、支配者から好かれる、学者、神やブラーミンに貢献する、
　　　武器の使用が巧い、尊敬すべき価値がある、知的な、医療知識が
　　　ある、強い身体

山羊座：強欲な、臆病な、放浪者、貧乏な、癒しを奪われる、無価値な行
　　　為に夢中になる、熟練者、親しい人に反対される、他人の財で楽
　　　しむ

水瓶座：子どもと慰めを奪われる、強い四肢、卑しい無価値な行為に耽る、
　　　短気な、アイデアに縛られすぎる、不安定な友人関係、心臓病の
　　　傾向

【注記】
　　太陽は息子ではあるが、ひどい敵となった土星の星座においては心地
　　よくない。太陽はまた心臓を表す。

魚座：友人や愛する妻からの祝福、学識がある、敵の破壊者、水産物の
　　　販売を通して或いは土地や灌漑を通しての利益、女性に尊敬され
　　　る、多くの兄弟をもつ、いくつかの秘密の病気によって苦しむ

異なる星座への太陽のアスペクト

1. 火星の星座において（牡羊座と蠍座）

(a)　月：慈悲深い、繊細な肉体、良き外見、多くの召使い、女性を好む

(b)　火星：非常に強い、残酷な、赤い目、戦争において落ち着きを保つ

(c)　水星：勇気・慰め・財を失う、奴隷、弱く醜い

【注記】
　　水星はラーシチャートにおいて太陽とアスペクトすることはない。

(d)　木星：裕福な、大臣或いは判事、慈悲深い、家族から尊敬される

(e)　金星：悪い評判の女性に興味をもつ、多くの人に反対される、貧乏な、友達が少ない、皮膚病に苦しむ

【注記】
　　金星も水星のようにラーシチャートにおいて太陽にアスペクトすることはない。

(f)　土星：勇気がない、病弱な、知性がない、醜い

2. 金星の星座において(牡牛座、天秤座)

(a)　月：多くの妻、悪い評判の女性に執着する、水に関わる職業を通じて稼ぐ

(b)　火星：戦争において冷静さを保つ、強くて勇敢な、本人の努力を通じて稼ぐ

(c)　水星：音楽、詩、著作に熟練する、良き外見

(d)　木星：多くの友達と敵、大臣、財と満足

(e)　金星：美しい目；臆病な、王に匹敵する大臣、裕福な

(f)　土星：怠惰な、貧しい、病弱な、年配の女性とともに暮らす

3. 水星の星座において(双子座と蟹座)

(a)　月：友達や敵と同じように虐待される、いつも悲しい、外国旅行や居住によるトラブル

(b)　火星：敵を恐れる、喧嘩早い、戦争において征服される、悲しく屈辱的な

(c)　水星：堂々たる性質、有名な、友達に祝福される、敵がいない、眼病に苦しむ

(d)　木星：非常に学識がある、秘密のマントラを知っている、積極的な、精神的冷静さを失いがち、頻繁に外国旅行をしたり住んだりする

(e)　金星：妻・子供・財に癒される、良き外見、健康な

(f)　土星：すぐに夢中になる、愚かな、狡猾な、多くの召使がいる

4. 月の星座において（蟹座）

(a)　月：王に匹敵する、残酷な、水に関わる行動を通して財を稼ぐ

(b)　火星：炎症、肛門の慢性病等に苦しむ、友達がいない、子供を失う

(c)　水星：学識や地位で有名な、王によって好まれる、賢明な、敵がいない

(d)　木星：領事、高い社会的地位、非常に有名で多才である

(e)　金星：女性を通じての稼ぎ、他人に対して親切、勇敢な、弁舌が巧みな

(f)　土星：カパやバータの病気に苦しむ、他人の財を切望する、歪められた智恵、裏切者

5. 自身の星座において（獅子座）

(a)　月：狡猾な、王に好かれる、カパに関する病気に苦しむ

(b)　火星：勇敢で勇気がある、非常に賢い、何人かの女性の恋人、他人に恐れられる

(c)　水星：達筆な、旅行好き、身体的な力不足

(d)　木星：寺院・果樹園・池等の建設者、強い、賢い、孤独を愛する

(e)　金星：残酷な、恥知らず、親戚に嫌われる、皮膚病

(f)　土星：近隣の親しい人を虐める、他人の仕事を駄目にする、不能に苦しむ

6. 木星の星座において（射手座と魚座）

(a)　月：息子による祝福、学識と名声、外見がよい、王に匹敵する、議論好きな

(b)　火星：戦争において名声を得る、積極的な、明瞭な話し方、裕福で快適な

(c)　水星：詩人、言語に明るい、優しい話し方、他人に好かれる、鉱物や金属等の知識をもつ

(d)　木星：学識のある、裕福な、王との交際

(e)　金星：有徳の美しい妻の祝福、よい衣服

(f)　土星：不潔な、罪人に奉仕する、他人の食物を望む、牛を育てる

7. 土星の星座において（山羊座と水瓶座）

(a)　月：詐欺師、不安定な心、女性との交際を通してお金と癒しを失う

(b)　火星：病気と敵によって虐められる、身体的傷つき

(c)　水星：勇敢な、中性的性質、不活発な肉体、他人の財を望む

(d)　木星：賢い、有名な、難民に多くを与える

(e)　金星：ほら貝等を扱って生計をたてる、悪い評判の女性から獲得する

(f)　土星：敵の絶滅者、王の信頼を得る、幸福な

 # 異なる星座にある月

牡羊座：短気、豊かな、兄弟（姉妹）がいない、息子に恵まれる、勇気ある、放浪者、気紛れな、断続的な、好色な、女性を好む、支配者による名誉、水辺に行くことを怖がる、弱い膝、丸い可愛い目をもつ、傷ついた爪とやけどした頭、うすい体毛

牡牛座：慈悲深い、巻き髪、官能的、名誉ある、肉体的喜びに浸る、非常に勇敢な、強い、多くの娘の父親、くっきりした顔立ち・肩・太腿・膝・脚をもつ、お金を失う、家族と子供を失う、自然の許し、安定した友情、牡牛座の前半の月は母親にとって敵対であり、後半の月は父親にとって敵対である

双子座：詩人、身体的喜びの恩恵、性行為がうまい、良き外見、非常に知的な、陽気な、彫刻が巧い、秘伝を訳す、喜びの目、巧みな弁舌

蟹座：不安定な財、占星術への精通、早足、住宅・土地・財・友達に恵まれる、身体的喜びに耽る、冷静さを失う、ウォータースポーツを好む、果樹園と水辺

獅子座：丘とジャングルをしばしば訪れる、広い顔、首と骨、精力的、薄

い頭髪、女嫌い、飢餓や腹と歯の病気に苦しむ、肉食を好む、慈悲深い、積極的な、息子が少ない、両親への貢献、肉体的快楽に耽る

乙女座：女性を好み彼らによって虐められる、心地よい外見、非常に学識がある、教師、宗教的傾向、言葉が巧みである、誠実な、落ち着いた、他人に親切な、寛大な性質、多くの娘と少ない息子、歌・ダンス・音楽を好む、他人の財を楽しむ、外国に住む

天秤座：大きな鼻と目、スリムなスタイル、恐妻家、神・ブラーミン・有徳の人への献身、貿易に熟達、他人の財を渇望しない、運の浮沈が激しい、寛大な性質、四肢の欠陥、慢性病、親戚を助ける彼らによって捨てられる

蠍座：幼年時の病弱、強い身体、渇望、強靱な、可愛い目、裕福な、他人の妻を好む、残酷な心情、親族との別離、支配者により財を奪われる、大きな腹と額をもつ　秘密の罪に耽る

射手座：サットヴァな性質、裕福な、高貴ないくつかの芸術に精通している、財産を引き継ぐ、慈悲深い、強い、雄弁家、詩人、宗教的傾向、親戚と敵対する、非常に勇敢な、愛と優しさだけをもたらす

山羊座：音楽に精通する、学識のある、婦人に従順な、慈悲深く寛容な、妻を喜ばせる、宗教的な傾向、放浪者、怠惰な、寒さに耐えられない、美しい目と肌、美しい長身の身体

水瓶座：怠惰な、賢い、他人の妻に執着する、罪深い、彫刻家、友達に好かれる、悪い性質の、貧しい、他人の財を享受する

魚座：非常に有能な、真珠等の水産物を取引して稼ぐ、妻や子供に尽くす、彫刻家、反対者に打ち勝つ、すぐに女性に溺れる、慈悲深い、よい性質、美しい整った肉体をもつ

異なる星座への月のアスペクト

1. 牡羊座

(a) 太陽：短気な、貧しい、乞食

(b) 火星：歯と目の病気に苦しむ、武器からの傷、高い社会的地位、泌尿器系の病気

(c) 水星：学識のある、話がうまい、よき詩人、有名な

(d) 木星：地位において王に匹敵する、裕福な

(e) 金星：非常に好かれる、徳のある、良き話し手

(f) 土星：病弱な、嘘つき、泥棒

2. 牡牛座

(a) 太陽：農業へ没頭、きつい労働に従事、奉仕、奴隷の

(b) 火星：過剰にセックスにふける、女性に好かれる、良き人々との交際、財産の喪失

(c) 水星：学識がある、雄弁な話し手、才能豊かな

(d) 木星: 徳のある、有名な、敬服される、良き妻と子供に恵まれる

(e) 金星：多くの身体的やすらぎに恵まれる、王に匹敵する

(f) 土星：裕福な、性質が悪い、母親と仲がよくない

3. 双子座

(a) 太陽：貧しい、賢い、良き外見、悲惨さに苦しむ

(b) 火星：非常に勇敢な、学識のある、武器商人、足の欠陥

(c) 水星：王に匹敵する、自信がある、敵に打ち勝つ

(d) 木星：賢明な、先生、学識ある

(e) 金星：恐れを知らない、美しい妻に恵まれる、輸送と装飾

(f) 土星：財・妻・乗り物そして子孫に恵まれない、織り手

4. 蟹座

- (a) 太陽：眼病、王の砦を世話する、貧しい
- (b) 火星：勇敢な、高い地位、弱い身体
- (c) 水星：学識のある、詩人、大臣
- (d) 木星：学識のある、有名な、勇敢な、王
- (e) 金星：貴重な宝石や装飾品に恵まれる、良き外見、悪い評判の女性との交際
- (f) 土星：放浪者、母との敵対、鉄或いは武器商人

5. 獅子座

- (a) 太陽：よい性質に恵まれる、勇敢な、王に匹敵する、子供ができるのが遅いかいない
- (b) 火星：王に匹敵する、軍隊の指導者、短気な
- (c) 水星：妻に献身的、学識のある、占星術師
- (d) 木星：裕福な、徳のある、有名な
- (e) 金曜：学識のある、病弱な、妻に献身的、王に匹敵する
- (f) 土星：農業に従事、財と家庭の憩いを失う、罪人、床屋

6. 乙女座

- (a) 太陽：婦人に奉仕、いろいろな慰め
- (b) 火星：彫刻家、有名な、裕福な、戦争好きな
- (c) 水星：詩人或いは占星術師、議論の勝利者、王に匹敵する
- (d) 木星：王に好かれる、軍隊のリーダー、約束を守る
- (e) 金星：多くの妻、裕福な、学識のある、優れた才能のある
- (f) 土星：財と智恵を失う、女性に頼る、貧しい記憶

7. 天秤座

- (a) 太陽：放浪者、病弱な、貧しい、恥辱的な、憩いがない
- (b) 火星：短気な、他人の妻に溺れる、殺人者、眼病に苦しむ

  (c)　水星：多くの才能がある、非常に裕福な、学識のある、話がうまい

  (d)　木星：非常に尊敬された、金や宝石の販売業者

  (e)　金星：健康な、良き外見、裕福な、学識のある、貿易業者

  (f)　土星：残酷な、裕福な、身体的喜びに耽る

8. 蠍座

  (a)　太陽：学識のある、放浪者、やすらぎと財を失う、他人に嫌われる

  (b)　火星：有名な、王に匹敵する、戦争における勝利者、大食漢

  (c)　水星：粗野な話し方、双子の父、有能な

  (d)　木星：規範に固執、良き外見

  (e)　金星：裕福な、喜ばしい、他人の弱みを知っている、清掃人

  (f)　土星：病弱な、四肢の欠陥、強欲な

9. 射手座

  (a)　太陽：裕福な、有名な、王に匹敵する

  (b)　火星：軍隊の指導者、裕福な、勇敢な、有名な

  (c)　水星：彫刻家、占星術師、近隣や親しい人を守る

  (d)　木星：美しい身体、宗教的傾向、大臣、高い社会的地位、裕福な

  (e)　金星：良き外見、いくつかのやすらぎ、良き妻や友人に恵まれる、多くの人に保護を申し込む

  (f)　土星：話し上手、強さをもつ、哲学的学習に打ち込む、傲慢な、高級娼婦に溺れる

10. 山羊座

  (a)　太陽：貧しい、放浪者、醜い、他人を助ける

  (b)　火星：有名な、王に匹敵する、裕福で幸運な

  (c)　水星：王に匹敵する、妻と子供に避けられる

  (d)　木星：非常に勇敢な、王、多くの妻・子供・友達に恵まれる

  (e)　金星：学識のある、財と他人の女性を楽しむ

  (f)　土星：怠惰な、醜い、豊かな、他人の妻に夢中になる

11. 水瓶座

(a) 太陽：醜い、不道徳な、農業に従事する

(b) 火星：忠実な、怠惰な、奴隷根性の、邪悪な

(c) 水星：身体的やすらぎに恵まれる、話し上手、王に匹敵する

(d) 木星：王に匹敵する、地位と財産に恵まれる

(e) 金星：彼自身のものでない女性に溺れる、身体的喜びを失う、罪人、臆病な

(f) 土星：他人の妻に溺れる、非宗教的な、吉星のアスペクトは名声と繁栄を確かなものとする

12. 魚座

(a) 太陽：非常に感受性が強い（性的結合の神であるカマデーヴァの影響の下に）、豊かな、軍隊の指導者、罪人

(b) 火星：邪悪な、屈辱的な、慰めを奪われる

(c) 水星：非常に機知に富む、裕福で有名な、他人の妻を楽しむ

(d) 木星：良き外見、非常に裕福な、多くの女性と楽しむ、王に匹敵する

(e) 金星：学識のある、可愛がられる、音楽、ダンスそして歌に耽る

(f) 土星：性的衝動に苦しめられる、身分の低い醜い女性に溺れる、罪人

 # 異なる星座にある火星

牡羊座：忠実な、大胆な、好戦的な、名声と富を得る、話し上手、すべての人に好かれる、牛や農産物に恵まれる、短気な、多くの女性と交際する

牡牛座：敵が多い、やすらぎが少ない、汚い言葉、犯罪者、歌手、徳のある女性を堕落させる傾向

双子座：大家族、良き外見、博識、詩人、彫刻家、宗教的な傾向、外国に行く傾向

蟹座：他人の家で生活し食事をする、病弱な、悲惨な、土地や海に関わ
　　　る仕事で稼ぐ

獅子座：勇敢な、貧しい、森をしばしば訪れる、熱心に仕事に従事する、
　　　狭量な、狩猟を好む、非宗教的傾向、最初の妻を失いがち

乙女座：裕福な、大家族、やさしい話し方、学識のある、倹約家、宗教的
　　　傾向、敵から怖れられる

天秤座：放浪者、おしゃべり、美貌、愛妻家、教師と友達、最初の妻を失
　　　いがちである

蠍座：征服者、忠実な、泥棒のリーダー、敵からの苦痛、毒・火事・武
　　　器による傷に耐える

射手座：高い地位、武器による怪我で弱る、毒舌、勤勉、教師や年長者へ
　　　の非礼

山羊座：軍隊のリーダー、国王、戦場における勇敢さ、個人的努力により
　　　稼ぐ、彼自身の国に住む

水瓶座：病弱な、身内からの反対、謙虚さの欠如、嘘つき、嫉妬深い、不
　　　幸な、毛深い身体

魚座：身内による屈辱、ブラーミンや教師への非礼、病弱な、邪悪な、
　　　外国に住む、褒められることを喜ぶ

 # 異なる星座への火星のアスペクト

1. 自身の星座において

(a) 太陽：大臣或いは判事、話し上手、お金や妻子に恵まれる

(b) 月：勇敢な、他人の妻に夢中になる、身体的な怪我、母親と敵対する

(c) 水星：感受性の強い、道徳性の低い女性に夢中になる、他人の財を望む

(d) 木星：学識のある、話のうまい、父親に貢献する、裕福な

(e) 金星：大食漢、女性の評価に苦しむ

(f) 土星：他人の妻に夢中になる、身内の人から避けられる、弱い身体

2. 金星の星座において

- (a) 太陽：森と山を彷徨う人、短気な、女嫌い
- (b) 月：母親と敵対する、臆病な、何人かの女性に溺れる
- (c) 水星：学識のある、おしゃべりな、喧嘩好きな、良き外見
- (d) 木星：幸運な、ダンスと音楽に耽る
- (e) 金星：称賛に価する、大臣、指導者、多くの癒しに恵まれる
- (f) 土星：有名な、愛すべき、裕福な、学識のある

3. 水星の星座において

- (a) 太陽：学識のある、裕福な、勇敢な、森・山・砦の住人
- (b) 月：女性の指導者、愛すべき、賢い、裕福な、支配者の安全を確保する
- (c) 水星：大げさに話す、詩を愛する、数学の才能がある、喜ばせる嘘をつく
- (d) 木星：大使或いは王、非常に熟練している、人々の指導者、国を去る
- (e) 金星：裕福な、よい食物と衣服を楽しむ、妻に尽くす
- (f) 土星：農業に従事する、怠惰な、勇敢な、醜い

4. 月の星座において

- (a) 太陽：ピッタの過剰に苦しむ、判事、罰を科することができる
- (b) 月：病弱な、下品な、普通の外見
- (c) 水星：醜い、恥知らず、罪人、友達を避ける
- (d) 木星：有名な、学識のある、高い公的地位
- (e) 金星：女性との交際によって虐められる、屈辱に苦しむ、邪悪な行動によってお金を失う
- (f) 土星：旅行、稼ぎ、海の傍、良き外見、王に匹敵する

5. 太陽の星座において

- (a) 太陽：森や山を彷徨う人、積極的な、身内の人に抗議する

(b)　月：丈夫な肉体、残酷な心、母親への敵対、熟練しかつ知的である

(c)　水星：彫刻家あるいは画家、詩人、強欲な、非常に賢い

(d)　木星：軍隊の指導者、王によって好かれる、学識のある、多くの人々の欲求を満たす

(e)　金星：良き外見、多くの女性と楽しむ、有名な、若々しい

(f)　土星：年の割に老けて見える、貧乏な、心配性の、他人の家に住む

6. 木星の星座において

(a)　太陽：他人から憧れられる、森か山か砦に住む、残酷な性質

(b)　月：喧嘩好きな、学識のある、王に匹敵する

(c)　水星：非常に賢い、学識のある、彫刻家、愛される

(d)　木星：住居の場所を去る、妻や癒しを失う、敵に打ち勝つことに専念する

(e)　金星：女性に溺れる、多くの癒しに恵まれる

(f)　土星：卑屈な、放浪する、貧しい外見、罪深い

7. 土星の星座において

(a)　太陽：攻撃的な、勇敢な、財・妻そして子供に恵まれる

(b)　月：母親への敵意、友情の不安定さ、住居の場所から離れる

(c)　水星：非常に話が巧い、貧乏な、弱い、嘘つきで非宗教的

(d)　木星：長生きの、良き外見、王に好かれる、兄弟に恵まれる

(e)　金星：喧嘩好きな、恐妻家、多くの癒しに恵まれる

(f)　土星：非常に裕福な、女嫌い、多くの子供達、学識のある、王に匹敵する、そして戦場において勇敢な

異なる星座にある水星

牡羊座：邪悪な、喧嘩早い、狡猾な、スリムな肉体、嘘つき、気紛れ、歌とダンスに精通、性的結合を好む、大食漢、浪費する、借金と投

獄に苦しむ

牡牛座：裕福な、信頼性がある、慈悲深い、多芸多才、賢明な、官能的な、音楽に精通、機知に富む

双子座：おしゃれな、裕福な、雄弁家、誇り高い、好色な、2人の母親によって育てられる、ベーダと聖典に明るい、一般的に快活

　蟹座：学者肌の、外国に居住する、美女への耽溺、おしゃべり、邪悪な傾向、友達や親戚と敵対する、詩人、歌手、ダンサー、水関連の仕事で稼ぐ

獅子座：放浪者、学問への没頭、有名な、嘘つき、記憶力が悪い、富や財産の喪失、女性や奴隷に嫌われる

乙女座：宗教的な傾向、学識がある、詩人、作家、雄弁家、名誉ある、恐れ知らず、議論好き、寛大な性質

天秤座：演説が上手、多芸多才、金を浪費する、神やブラーミンや教師に献身的、貿易業者、肉体的快楽に耽る

　蠍座：勤勉な、非宗教的な、恥知らず、残酷な、強欲な、邪悪な女性との交際、詐欺の、他人の財産と所有物の強奪

射手座：学識のある、学者肌の、有名な、寛大な、経典に明るい、出家者、勇敢な、裕福な、教師、作家、賢明な話し手、高貴な女性との交際

山羊座：卑屈な、愚かな、無気力な、嘘つき、裏切者、親戚によって避けられる、非常に狡猾な、肉体的快楽の欲望が強い、醜く臆病な

水瓶座：敵から迷惑を受ける、無気力な、規定された義務を回避する、不明確な、洗練されていない、話が下手、卑屈で臆病な

　魚座：善良な性質、信心深い、遠い土地に住む、有能な、友人から好かれる、自分自身が貧しいにも拘らず他人を助ける

異なる星座への水星のアスペクト

1. 火星の星座において

(a) 太陽：忠実な、兄弟によって愛される、身体的喜びを与えられる

(b) 月：ダンスや音楽を好む、女好き、感受性の強い、邪悪な、召使いと乗り物に恵まれる

(c) 火星：嘘に訴える、よい話し手、喧嘩早い、学識があり裕福である、渇きに苦しむ

(d) 木星：裕福な、幸福な、柔らかい肌と髪を与えられている

(e) 金星：賢い話し手、礼儀正しい、信頼に値する、女性に好かれる

(f) 土星：残酷な、勇敢な、攻撃的な、そして悲惨な

2. 金星の星座において

(a) 太陽：病弱な、貧しい、卑屈な、屈辱に苦しむ

(b) 月：豊かな、信頼に値する、健康な、有名な、支配者に奉仕する

(c) 火星：支配者により屈辱を与えられる、病気や敵対者によって苦しめられる、身体的喜びを奪われる

(d) 木星：学識のある、信頼に値する、町や村の指導者、有名な

(e) 金星：幸運な、よい衣服と装飾品、若い女性が彼氏のために失敗する

(f) 土星：癒しがない、妻・子供・友達によって苦しめられる

3. 自身の星座（水星）において

(a) 太陽：忠実な、良き外見、支配者に好かれる

(b) 月：彫刻を好む、流暢だが多弁、喧嘩早い

(c) 火星：他人から好かれる、支配者に奉仕する、裏切者

(d) 木星：政府高官の地位、良き外見、裕福な、勇敢な

(e) 金星：学者肌の、王に雇われる、かたい友情、邪悪な女性に溺れる

(f) 土星：親切な心の、達成に向けて事業を追求する、裕福な

4. 月の星座において

(a) 太陽：洗濯人、庭師、建築士、金細工人、花輪製作人

(b) 月：身体的虐待や婦人の慢性病に苦しむ、弱い肉体、癒しを奪われる

(c) 火星：制限された教育、おしゃべりな、良き外見、もっともらしい嘘を言う、こそこそする

(d) 木星：賢い、親切な心、幸運な、学識のある、支配者によって名誉を与えられる

(e) 金星：カマデヴァ（愛の神）のように美しい、流暢な弁舌、ダンスや音楽に精通している

(f) 土星：狡猾な、邪悪な、感謝しない、投獄に苦しむ

5. 太陽の星座において

(a) 太陽：嫉妬深い、卑屈な、残酷な、気紛れで恥知らず

(b) 月：外見がよい、有能な、詩・ダンス・音楽を好む、裕福な、身なりがよい

(c) 火星：邪悪な、愚かな、悲惨な、身体の怪我で苦しむ

(d) 木星：柔らかい身体、非常に学識がある、印象深い話し手、王とともに高い地位にある

(e) 金星：美しい身体、愛の喜び、裕福な

(f) 土星：高い身長、悲惨な、悪臭を体から発する

6. 木星の星座において

(a) 太陽：勇敢な、冷静な気質の、腎臓結石や糖尿病等に苦しむ

(b) 月：作家、良き外見、すべての人に好かれる、友達の仲間

(c) 火星：作家、泥棒の親分

(d) 木星：非常に学識のある、顕著な思い出、敬虔な、良き外見、高い地位、王への宝物

(e) 金星：大臣、若々しい、勇敢な、泥棒

(f) 土星：砦や森に住む、大食漢、邪悪な、無能な

7. 土星の星座において

(a)　太陽：大家族、邪悪な性質、熟練した力士、旺盛な食欲、有名な

(b)　月：水に関連した仕事で稼ぐ、液体の取り扱い業者、臆病な

(c)　火星：活動的でなくなる、内気な、良い性質の、裕福な

(d)　木星：非常に裕福な、有名な、村や町の指導者

(e)　金星：多くの子供たち、外見がよくない、非常に感受性が強い、邪悪な女の夫

(f)　土星：罪人、貧しい、卑屈な、悲惨で貧相な

異なる星座にある木星

牡羊座：敬虔な性質、議論好き、装飾品や宝石に恵まれる、裕福な、有名な、愛らしい、お金の浪費家、多くの人と衝突する、残酷な、怪我によって傷つけられた身体

牡牛座：肥満の、健康な、神・ブラーミン・牛への献身、良き外見、幸運な、妻への献身、土地や家畜に恵まれる、聡明で慈悲深い

双子座：大臣、友人と息子に恵まれる、良き外見、美しい目、雄弁家、宗教的傾向

蟹座：裕福な、学識のある、美しい身体、宗教的傾向、強い、忠実な、愛すべき、王に匹敵する

獅子座：強い、学識のある、裕福な、敬虔な、王に匹敵する、軍隊の指導者、攻撃的な、砦・森・山に住む

乙女座：学識のある、敬虔な、有能な、香りや花を好む、敵対者を悩ます、いくつかの分野の学問に詳しい

天秤座：賢明な、学識のある、外国の地から稼ぐ、柔らかい話し方、経典に精通している、良き外見、貿易業者

蠍座：いくつかの経典に精通、本の評者、賢明な、価値ある女性とつき合う、病弱な、つらい、怒りっぽい、禁じられた行為に耽る

射手座：宗教の指導教師、非常に裕福な、慈悲深い、他人を助ける、学識ある人、高い地位の、巡礼のようにしばしば外国に行く

山羊座：卑屈でつらい、身体的喜びを奪われる、強さの不足、禁じられた行為に耽る、非宗教的な、臆病な、遠方での生活をする

水瓶座：病弱な、強欲な、出費、智恵が足りない、教師の妻に執着する、腹部と歯の病気に苦しむ、ヴァラーハミヒラによれば水瓶座における木星は蟹座の木星と同じ結果を与える

魚座：ベーダや他の経典に精通する、愛らしい、有名な、毛深い体

異なる星座への木星のアスペクト

1. 火星の星座において

(a) 太陽：非常に信心深い、宗教的で忠実である、有名な、毛深い体

(b) 月：柔らかい態度の、妻に愛される、宗教的傾向、学者肌

(c) 火星：勇敢な、積極的な、敵対者の誇りを破壊する、多くの人の指導者

(d) 水星：犯罪者、詐欺師、他人の欠点に気づくのに鋭い、礼儀正しい、嘘を訴える

(e) 金星：臆病者、よい衣服や装飾品・女性・他の身体的喜びに恵まれる

(f) 土星：醜い、強欲な、友情が不安定

2. 金星の星座において

(a) 太陽：放浪者、学識のある、支配者に奉仕する、乗り物や牛等に恵まれる

(b) 月：非常に豊かな、美しい身体、女性に愛される、道楽に耽る

(c) 火星：支配者からの名誉、女性と子供に好かれる、学識のある、裕福な

(d) 水星：学識のある、賢い、好感のもてる、徳があり外見もよい

(e) 金星：裕福な、有名な、清潔な、憩いを楽しむ

(f)　土星：学問のある、裕福な、村や町の長、不潔な、女性から避けられる

3. 水星の星座において

(a)　太陽：村長、大家族、みんなによく知られている

(b)　月：徳のある、非常に有名で裕福な、母から好かれる、良き外見、良い性質で並ぶものがない

(c)　火星：肉体的喜びに耽る、勝利の、裕福な、愛すべき、傷のために体を傷つける

(d)　水星：有能な占星術師、彫刻家、話し上手、妻子に恵まれる

(e)　金星：財・妻・子供・土地家屋に恵まれる、モラルのない女性に溺れる

(f)　土星：村や町の長、良き外見、支配者から与えられる名誉

4. 月の星座において

(a)　太陽：獲得して得た妻の財と子供を失う、人々の指導者

(b)　月：王の宝を支配する、裕福な、高い地位、多くのやすらぎ

(c)　火星：若い娘を妻にする、裕福な、学問的な、体に傷を印す

(d)　水星：兄弟を支持する、裕福な、喧嘩早い、信頼のある

(e)　金星：多くの妻、非常に有名な、幸運な

(f)　土星：村・町或いは軍隊のリーダー、おしゃべりな、年をとってからの肉体的喜び

5. 太陽の星座において

(a)　太陽：浪費の傾向、有名な、親切な心、王

(b)　月：非常に幸運な、妻の助けを通じて財を稼ぐ

(c)　火星：教師や友達に誠実な、難しい仕事を成し遂げる、信心深い、残酷な、指導者

(d)　水星：建設業者、科学者、良き演説者、大臣、学者と指導者

(e)　金星：女性を好む、王から地位を得る、強い

(f) 土星：おしゃべり、やすらぎに欠ける、戦いで征服される、地位から
　　落ちる

6. 自身の星座において

(a) 太陽：支配者と敵対する、友達や支配者から避けられる
(b) 月：いくつかの癒し、女性に望まれる、財や地位の所有のために傲慢
　　である
(c) 火星：戦いで傷つく、残酷な、誠実な、他人を助ける
(d) 水星：大臣或いは王、みんなを喜ばす、財・息子・運に恵まれる
(e) 金星：裕福な、議論のある、有名な、学識のある、長生き
(f) 土星：不潔な、臆病な、地位から落ちる

7. 土星の星座において

(a) 太陽：学識のある、良き外見、勇敢な、いくつかの身体的癒しを得る
(b) 月：鋭い知性、宗教的傾向、誇り高い、両親への尊敬、裕福で学識が
　　ある
(c) 火星：勇敢な、王のために戦う、傲慢な、勇敢な、名誉ある
(d) 水星：女性に譲歩する、集団の指導者、豊かな、宗教的傾向、乗り物
　　の運転手、多くの友達
(e) 金星：女性によって愛される、多くの身体的喜びと所有に恵まれる
(f) 土星：高い道徳的性格、学識のある、有名な、王に匹敵する、身体的
　　喜びを与えられる

 異なる星座にある金星

牡羊座：軍隊・都市或いは集団の人々のリーダー、彼自身のものでない女
　　　　性に溺れる、女性のための投獄に苦しむ、外国に行くのに熱心な、
　　　　独立的な、他人に敵対することに熱心、鳥目に苦しむ傾向
牡牛座：多くの女性や子供に恵まれる、農業や牛の育成に従事、芳香や花

　　　　を好む、歌やダンスを好む、神やブラーミンへの献身、良き外見

双子座：経典に非常に精通、非常に有名な、美しい身体、文章を書くこと
　　　　に熱心な、詩人、友好的な、歌やダンスでお金を稼ぐ、神やブラ
　　　　ーミンへの貢献、感受性の強い

　蟹座：善き行いをする、学識がある、強い、宗教的傾向、欲しい物に恵
　　　　まれる、良き外見、バランスのとれた判断、賢い話し手、２人の
　　　　妻、酒色への耽溺から病気に苦しむ

獅子座：女性からお金を得る、少ない子供、女性に対して卑屈な、敵の破
　　　　壊者、教師とブラーミンに貢献する、一般的に快適で裕福

乙女座：非常に裕福、女性と話す時に賢い、単純な性質の、聖地を訪れる、
　　　　身体的癒しに欠ける、学識のある

天秤座：努力によって蓄財する、花輪やよい衣装を好む、外国旅行を好む、
　　　　学識のある、宗教的な傾向、困難な状況時にしっかりしない

　蠍座：喧嘩早い、他人から憎まれる、非宗教的な、おしゃべりな、兄弟
　　　　から避けられる、悪名高い、肉体的暴力にたけている、貧しい、
　　　　泌尿器科系の病気

射手座：高徳の行いをする、他者から好かれる、裕福な、学識のある、高
　　　　い地位、肥満で背が高い、周りの人から好かれる

山羊座：非常に感受性が強い、年上の女性に溺れる、浪費家、禁断の行為
　　　　に耽る、心臓病に苦しむ、性的不能、他人の財を強奪する

水瓶座：他人の妻に溺れる、非宗教的な、教師や子供と敵対する、醜い、
　　　　よい衣服を失う、心配事のある

　魚座：非常に裕福な、敵対者に打ち勝つ、有名な、慈悲を与えられる、
　　　　支配者からの恩恵、水泳を好む、ソフトな語り口、学識のある

 # 異なる星座への金星のアスペクト

1. 火星の星座において

(a)　太陽：支配者から恩恵を受ける、妻による虐待、学者肌の

(b) 　月：非常に狡猾な、投獄に苦しむ、過剰な性衝動に苦しめられる

(c) 　火星：お金や地位を奪われた、卑屈な

(d) 　水星：残酷な心、邪悪な、親戚に避けられる、不法な手段によってお金を稼ぐ

(e) 　木星：良き外見、慈悲を与えられる、背が高い、良い妻、態度が好ましい

(f) 　土星：怠惰な、醜い、放浪者、盗癖のある、秘密を所有する

2. 自身の星座において

(a) 　太陽：美しい妻、美しい女性と交際する、裕福な

(b) 　月：有徳の母の息子、息子・財・地位に恵まれる、良き外見、道徳性の低い女性と交際する

(c) 　火星：家と憩いを奪われる、感覚の鋭敏な、戦争状態に置かれる

(d) 　水星：学識がある、マナーがよい、感覚の鋭敏な、徳が高くて有名な

(e) 　木星：欲しい物すべてを獲得する、友達・女性・子供・乗り物・家等を好む

(f) 　土星：貧しい、邪悪な、病弱な、邪悪な女性の夫

3. 水星の星座において

(a) 　太陽：女性に奉仕する、賢い、豊かな、憩いを楽しむ

(b) 　月：美しい髪と目、若々しい外見、いろいろな癒しに恵まれる

(c) 　火星：幸運な、感覚の鋭敏な、性行為が上手、女性にお金を浪費する

(d) 　水星：学識のある、良き外見、裕福な、グループの指導者

(e) 　木星：学識のある、教師、芸術家或いは写真家、多くの癒しに恵まれる

(f) 　土星：屈辱に苦しむ、悲惨な、一般的に人に避けられる

4. 月の星座において

(a) 　太陽：怒りやすい、裕福な妻、反対者によるトラブル

(b) 　月：息子に続いて初めてもつ娘、母親と継母を同じ立場で扱う

(c) 火星：いろいろな芸術に精通している、裕福な、女性から迷惑を受ける、親戚への恩恵

(d) 水星：学識のある、学識ある妻の夫、裕福な、放浪者

(e) 木星：財・息子・召使い・乗り物そして友達に恵まれる、王から恩恵を受ける

(f) 土星：女性によって打ち勝つ、貧しい、滅亡した、やすらぎの喪失

5. 太陽の星座において

(a) 太陽：嫉妬深い、性的衝動に苦しむ、女性の助けで稼ぐ

(b) 月：不安的な、２人の母親、有名な、女性のために苦しむ

(c) 火星：支配者による恩恵、有名な、女性を好む、他人の妻に溺れる、裕福な

(d) 水星：物を貯蔵する、強欲な、嘘をつかれる、過剰な性的衝動

(e) 木星：高い地位、何人かの女性・子供に恵まれる、豊かな

(f) 土星：王に匹敵する、良き外見、未亡人の夫

6. 木星の星座において

(a) 太陽：短気な、学識のある、裕福な、強い、外国を訪問する

(b) 月：有名な、高い地位、非常に強い、たくさんの身体的喜びに恵まれる

(c) 火星：女性を嫌う、いろいろな癒しに恵まれる、直観的指導者

(d) 水星：装飾品・よい服・よい食物・よい乗り物を楽しむ

(e) 木星：多くの妻と子供たち、非常に裕福な、多くの身体的喜びに耽る、十分に稼ぐ

(f) 土星：幸運な、豊かな、身体的喜びに耽る、十分に稼ぐ

7. 土星の星座において

(a) 太陽：志操健固な性質、有名な、裕福で力強い、忠実な

(b) 月：勇敢な、力強い、美しい、裕福な

(c) 火星：病弱な、肉体労働によって疲弊する、極貧に苦しむ

(d)　水星：学識のある、富を蓄積する、忠実な、非常に学識のある

(e)　木星：若々しい、歌と音楽に精通している、価値ある女性と交際する、よい香水・花飾りとよい衣服を好む

(f)　土星：陰鬱な顔色、召使や肉体的癒しに恵まれる

異なる星座にある土星

牡羊座：虚弱な体、過剰な肉体労働と快楽に耽ることにより生じるトラブル、短気な、狡猾、近所の親しい人と敵対する、邪悪な、不潔な、他人に憎まれる、罪人

牡牛座：貧しい、卑屈な、年上の女性に執着する、邪悪な人々とつきあう、他人の妻に屈する、気まぐれな、社会的に禁じられた規範に従って仲間を選ぶ

双子座：借金に苦しむ、投獄と肉体労働、狡猾な、性的快楽に傾く、怠惰な、邪悪な

蟹座：弱い体格、母親を失う、貧しい、子供時代に病弱、学識のある、親戚や友達と敵対する、有名な

獅子座：熟練した作家、喧嘩早い、受け入れられている社会規範から逸脱する、悲惨な、卑屈な、妻と友達を失う、禁じられた行為に耽る、怒りやすい

乙女座：邪悪な、失敗、変わりやすい、中性的な性質、モラルの低い女性に溺れる、彫刻家、他人を助ける、財と子供をもつ

天秤座：王に匹敵する、過剰な性的快楽を与えられる、話し上手、会議で名誉を与えられる、放浪者、ダンスをする女性か悪い女性とつきあう

蠍座：火・武器・毒で傷つく、短気な、狡猾な、他人の財を獲得できる、禁じられた行為に耽る、不誠実な、損失や病気に苦しむ

射手座：広く有名な、満足した、稼ぎがよい、いくつかの分野の知識に精通している、良い子供、無口な人、誰からも尊敬される

山羊座：支配者に貢献する、他人所有の女性と財産を統制する、学識ある、
　　　　彫刻家、愛らしい、有名な、外国を訪問する、勇敢な

水瓶座：非常に裕福な、狡猾な、飲酒に浸る、他人の妻に溺れる、邪悪で
　　　　気紛れな、非宗教的な

　魚座：広く尊敬される、他人を助ける、裕福な、宗教的な行為をする、
　　　　穏やかな振舞いの、冷静な気質の、宝石についての知識をもつ

異なる星座への土星のアスペクト

1. 火星の星座において

(a)　太陽：農業に従事する、裕福な、牛を育てる

(b)　月：身分の低い人たちとつき合う、気紛れな、邪悪な、邪悪で醜い女
　　　性に溺れる

(c)　火星：悲惨な、動物に残酷な、泥棒のリーダー、酒色に溺れる

(d)　水星：喧嘩早い、非宗教的な、健啖家、有名な泥棒

(e)　木星：宗教的傾向、幸運な、王のような高い地位、大臣、裕福な

(f)　金星：変わりやすい性質、外見が悪い、他人の妻に溺れる、貧困な

2. 金星の星座において

(a)　太陽：財が足りない、学識のある、体が弱い、はっきりと話す

(b)　月：支配者とともに高い地位にある、女性に好かれたり助けられたり
　　　する、良い衣服と装飾品

(c)　火星：戦闘技術に習熟している、親切な心をもつ、饒舌家、豊かな

(d)　水星：非常に機知に富む、女性を喜ばすことに熱心な、王によって好
　　　まれる

(e)　木星：他人を助ける、慈悲を施される、習熟した

(f)　金星：支配者に好かれる、宝石からの利益を得る、酒色に溺れる

3. 水星の星座において

(a) 太陽：財の不足、喜び・怒りがない、宗教的傾向、満足した

(b) 月：王に匹敵する、柔らかい皮膚、女性から愛され尊敬される

(c) 火星：闘士或いは格闘家、賢い、四肢の欠陥、非常に有名な

(d) 水星：裕福な、戦いとダンスに習熟した、才能ある歌手・画家・彫刻家

(e) 木星：支配者による恩恵、徳のある、友達から好かれる

(f) 金星：女性を好む、ヨガ経典に精通している、女性に奉仕することが巧い

4. 月の星座において

(a) 太陽：幼児期に父親を失う、金・妻・やすらぎを失う、罪人

(b) 月：裕福な、母や兄弟を傷つける

(c) 火星：力不足、支配者による恩恵、心配な

(d) 水星：放浪者、狡猾な、残酷な、演説者

(e) 木星：友達・息子・土地・家を所有する、裕福な

(f) 金星：よい家族に生まれたにも関わらずやすらぎを失う

5. 太陽の星座において

(a) 太陽：金・やすらぎ・良い性質がない、嘘をつく、酒を好む、細い身体、悲惨な

(b) 月：名声・財・女性・宝石に恵まれる、支配者による恩恵

(c) 火星：放浪者、砦或いは山に住む、残酷で戦士

(d) 水星：狡猾な、怠惰な、貧しく醜い

(e) 木星：村・町・グループのリーダー、裕福な、徳のある

(f) 金星：良き外見、裕福な、女性からのトラブル

6. 木星の星座において

(a) 太陽：有名な、他人の子供が好き

(b)　月：母親を奪われる、妻・息子・金持ちからの恩恵

(c)　火星：ヴァータ関連の病気に苦しむ、外国に住む

(d)　水星：王に匹敵する、尊敬すべき、金持ちの、良き外見

(e)　木星：王に等しい、軍隊の指揮官、力強い

(f)　金星：外国に住む、2人の母親或いは2人の父親、同時にいくつかの
事を追求する

7. 自身の星座において

(a)　太陽：病弱な、醜い女性の夫、放浪者、悲惨な、荷物を運ぶ

(b)　月：財と妻を所有する、母親と敵対する、性的過剰になる

(c)　火星：勇敢な、有名な、力強い、庶民の指導者、残酷な

(d)　水星：力強い、すぐに怒る、有名な、限られたお金しかもたない

(e)　木星：有名な、徳のある、長生きで健康な、美しい身体

(f)　金星：非常に裕福な、感覚の鋭敏な、自分の妻以外の女性に溺れる、
規範に従わない

 ラーフ

　ラーフは、特に蟹座、乙女座、射手座、蠍座においてよい働きをする。

　ラーフは水瓶座を定座とし（ある説によれば乙女座である）、牡牛座で高
揚し、ムーラトリコーナは双子座である。

　上記に述べられた星座において、ラーフは財の増加といった良い結果を与
える。友達や支配者を助け、いろいろな身体的癒し、宗教的傾向、新しい家
や衣服、名誉ある外国旅行等さまざまある。

 ケートゥ

　ケートゥは蠍座を定座とし（ある説によれば魚座である）、蠍座において

高揚する。また、射手座においてムーラトリコーナとなる。

　これらの星座において、ケートゥは良い結果を与える。一般的に、ラーフとケートウは木星と水星の星座にいる時、或いは木星や水星と関わるか、それらによってアスペクトされる時、良い結果をもたらす。

　異なる星座におけるいろいろな惑星及びそれらのアスペクトの結果は、標準的な古典から引用されている。しかし、これらは文字どおりに応用してはいけない。注意深い科学的な見通しだけをもって応用される。例えば、今日の文脈において「支配者からの恩恵」は政府の仕事における昇進だけを意味するかもしれない。同様に、「妻の死」は別れや離婚を意味するだけかもしれない。古典の格言は与えられたチャートに影響を与える可能性のあるいろいろな他の要素を適切に考慮した時だけ、適用されなければならない。

20 ナバーシャヨガ

上で、斜めで、真ん中で、人は彼を捉えなかった。

彼の似姿は存在しない。

彼の名前は"大いなる栄光"である。

「シュヴェーターシュヴァタラ・ウパニッシャド　第4章19」
ウパニシャッド　湯田豊訳（大東出版社）より

　ナバーシャヨガは、人間生活のパターンを包括的に見ていく惑星の形態である。それらは惑星支配、合、アスペクトとは独立している。

　これらのヨガはホロスコープが詳細な分析にさらされる前に、吟味されなければならない。これらのヨガの影響は出生者の生涯を通じて感じられる。要するに、これらのヨガは結果を示すダシャーと関わっていない。ラーフとケートゥはこれらのヨガの形成に含まれない。

　これらには主に4つのカテゴリーがある。また、それぞれのカテゴリーの下に分割され全部で32のヨーガがある。さらに細かい分割により1800の異なるヨガがあるが、ここでは概括的に述べていく。

ナバーシャヨガの主要なカテゴリー

ナバーシャヨガの4つのカテゴリーは以下である。

1．アーシュラヤ（避難）

　　3つのアーシュラヤヨガがある。それらは活動、固着、柔軟宮のおける惑星の位置によって決まる。

2．ダーラ（側面）

　　ダーラには2種類ある。

3．アークリティ（外見）

　　アークリティは20ある。それらはホロスコープの特定の弧或いは特定の領域おける惑星の配置次第で決まる。

4．サンキャ（数）

　　サンキャについては7つある。7つの惑星が配置されるハウスの数で決まる。

 ## アーシュラヤヨガ

以下が3つのアーシュラヤヨガである。

1．ラジュウ

　　すべての惑星がチャララーシ（活動星座）にある。このヨガをもつ人は旅行を好み良き外見をもち、外国を訪れ、そして残酷な性質をもつ。

2．ムサーラ

　　スティララーシ（固着星座）にすべての惑星がある。ムサーラで生まれた人は裕福で誇り高く、有名であり安定した性質をもつ。

3．ナーラヨガ

　　すべての惑星がドゥイスヴァーヴァラーシ（柔軟星座）にある。ナー

ラヨガをもつ人は四肢に欠陥があるが非常に賢く外見がよく近隣や親しい人とうまくいっている。

【注記】
　惑星は生命力を表す。活動、固着、柔軟星座に多くの惑星があると、それらの星座にふさわしい性質を明示する。いくつかの惑星が活動星座に集まる時、その人は変わりやすい性質、野心、旅行好き、早い意思決定、大きな適応力を獲得する。

　図20-1は固着星座に惑星がない。もしラグナもまた活動星座であるならば、変化に素早く適応する能力は大きい。否定的な見地からみれば、活動星座における惑星の優位は変わりやすい性質、信頼性の欠如、移り気な性質、1つの物事に我慢することができない、絶え間のない戦いをすることを表す。

図20-1｜固着星座の惑星がないチャート

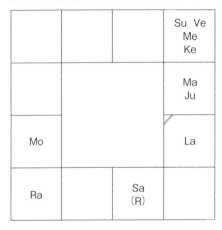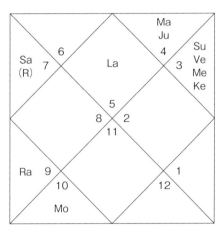

　固着星座に集中するいくつかの惑星があると安定性、固定性、耐久性、決定性と信頼性につながる。図20-2は活動星座に惑星がなく固着星座に過剰に集中している。1つの場所に長く留まったり交際を発展させたり財産を得たりする傾向がある。このヨガの否定的側面は頑固さ、決断力が鈍い、変化への適応が難しいことである。

図20-2｜固着星座に惑星集中するチャート

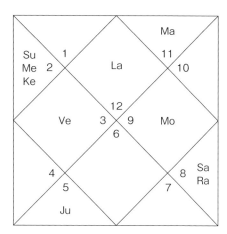

柔軟星座に関しては、前半（0°-15°）は固着星座と考えられ、後半（15°-30°）は活動星座（活動星座に隣接している）と考えられる。

 **ダーラヨガ**

以下のとおりである。

１．マーラ或いはスラク

　　３つのケンドラにすべての吉星がありかつ凶星がない。マーラヨガは絶えざる楽しみ、乗り物、よき食物、可愛い女性との交際を確かなものとする。

２．サルパ

　　３つのケンドラにすべての凶星があり吉星はその他の場所にある。これは悲惨さ、依存、貧乏、邪悪さをもたらす。

【注記】

（ⅰ）　月はダーラヨガの形成から外すべきである。言い換えると、それは吉星にも凶星としても扱われない。

（ⅱ）　ケンドラはホロスコープの柱である。吉星がケンドラに位置すると良い結

果をもたらすが、凶星の在住はよくない結果となる。ケンドラやトリコーナ
以外のハウスに位置する吉星はよきはたらきを消耗する。

◉ アークリティヨガ

　20のアークリティヨガについて、惑星の位置は次の2つのグループに主
に分けられる。

Ⅰ　異なるヨガが惑星の特定のアンギュラー配置のもとに成立するアンギ
　　ュラーグループ。この下に9つのヨガがある。
Ⅱ　ヨガがホロスコープの特定の（ハウスの）アークを占めることからく
　　るアークグループは11のヨガから成り立つ。

Ⅰ　アンギュラーグループ

このグループは、さらに次のように3つのサブグループに分割される。
A　ケンドラの配置
このグループの下に以下のヨガがある。

1．ガダ
　　すべての惑星が近隣の2つのケンドラにある。このヨガの人は、裕福
　であり、学識があり、お金を稼ぐことに従事している。
2．シャカタ
　　第1室と第7室にすべての惑星がある。このヨガの人は、不健康で貧
　乏、きつい労働を通してだけお金が得られる。
3．パクシィ（ヴィアーガ）
　　第4室と第10室にすべての惑星がある。このヨガの人は、卑屈で放
　浪し喧嘩早く、伝言を伝えることを好む。
4．ヴァジュラ
　　第1室と第7室に吉星、第4室と第10室に凶星、このヨガの人は、

　外見が良く、勇敢で人生の早期と晩年だけ幸福である。

５．ヤーヴァ

　　第１室と第７室に凶星、第４室と第10室に吉星、このヨガの人は、
　　性質が首尾一貫していて裕福で慈悲深く人生の中年期が幸福である。

６．カマーラ

　　すべての惑星が４つのケンドラにある。このヨガの持ち主は、広い名
　　声と、長寿と徳のある性質と王室の地位を得る。

【コメント】

　強いケンドラは個人の社会的地位を挙げる。

　図20-3において、高揚の金星が第９室にあり、残りの惑星は３つのケン
ドラにある。ラーフとケートゥはこれらのヨガでは考慮されない。実際のチ
ャートの分析において、在住、減衰、高揚のような性質の惑星は考慮されな
ければならない。

図20-3│カマーラヨガのチャート

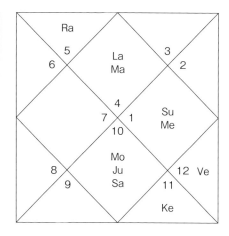

　B　ケンドラ以外の配置

７．ヴァアーピ

　　４つのケンドラ以外のハウスにすべての惑星がある。このような出生
　　図の持ち主は財を蓄えることに専念し、ささやかだが継続するやすらぎ

をもち、財や所有物を蓄える傾向がある。

【コメント】
　図20-4において、すべてのケンドラに惑星がない。（アスペクトと同様に）第2室に惑星が集まっている。ここで強調されるのは蓄積と貯蔵にある。
　何人かの著者によれば、ヴァーピヨガには2つの種類がある。
　(i)　パナパラ（サクシーデント）にすべての惑星がある。
　(ii)　アポークリマ（ケーデント）にすべての惑星がある。

図20-4｜ケンドラに惑星がないチャート

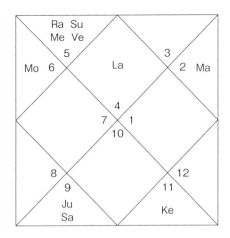

C　トリコーナの配置

これは以下のヨガを含む。

8．シュリンガータカ

　　すべての惑星がトリコーナにある（第1、5、9室）。この出生図の
　　持ち主は、やすらぎに恵まれ戦いや財を好む。

9．ハラ：すべての惑星がトリコーナ間のハウスにある。

　(a)　第2、6そして10室

　(b)　第3、7そして11室

　(c)　第4、8そして12室

このヨガのある人は卑屈、貧乏、農業に従事し、そして悲惨である。

【コメント】

　ハウスの４つのトリコーナのグループは、ダルマ或いは徳の追求（第１、５、９室）の特別の機能である。アルタ或いは物質の追求（第２、６、10室）、カーマ或いは感覚的喜び（第３、７、10室）、モクシャ或いは解放（第４、８、12室）。上記のヨガに属する結果はふさわしいハウスのトリコーナのグループの固有の性質の煌きが適用される。

Ⅱ　アークグループ

A　短いアークグループ

これは以下を含む。

１．ヨーパ

　すべての惑星が第１室から第４室にある。このヨガの人は、生贄の儀式に従事し家庭のやすらぎに恵まれ、勇敢、世間の義務を遂行する。

【コメント】

　ハウスの４つのハウスは、自己、財と所有、勇気、家に集中している。ここでは家庭の安定、財産、物心の追求を通じての努力が強調される。

２．シャーラ

　すべての惑星が第４室から第７室にある。残酷で邪悪で狩猟者、看守、弓作りに従事する。

【コメント】

　このヨガに関わる４つのハウスは、家、投資、知性、犯罪、泥棒、セックス等である。前述するヨガと比較する時、家から離れた大きな動きを通して財の稼ぎがある。

３．シャクティ

　すべての惑星が第７室から第10室にある。このヨガの持ち主は、貧しく邪悪で怠惰だが長生きである。安定的、外見がよい、失敗によって虐められる。

【コメント】

　このヨガは、セックス、障害、徳行そして活動と関わるハウスを含む。第８室の関わりは障害、失敗、規範の違反、隠れた才能、不健康を含む。目に見える獣帯の部分は（第７室から第１室まで）であるので、大衆公開、名声、認知、悪名、変わりやすい態度があり、このような人はより外交的である。

４．ダンダ

すべての惑星が第10室から第1室にある。このような人は癒しがない、近隣の人と離れる、貧しい、奴隷根性、排他的

【コメント】
このヨガに関わるハウスは仕事、稼ぎ、消費、解放、遠方に住む、精神的活動等。このヨガは物質的所有と癒しにとって敵対的と考えられる。

B　長い弧のグループ
これは以下を含む。

5．ナウカ
惑星が第1室から第7室に連続して在住する。この人は、有名になるが惨めで強欲で野心的、水関連の行動を通して稼ぐことになる。

【コメント】
獣帯の半分が目に見えない場所と関わる。このヨガの人の性質や欠点は必ずしも確認されない。

6．クータ
すべての惑星が連続して第4室から第10室にある。結果としては不誠実な人、囚人、残酷で砦や高い所に住む傾向となる。

7．チャートラ
すべての惑星が連続して第7室から第1室にある。このような人は頼ってくる人の面倒をみる。親切な心をもち、賢く、長生き、人生の初期と晩年がよい。

【コメント】
これはホロスコープの目に見える半分と関わっている。

8．ダヌーシャ（チャーパ）
惑星が連続して第10室から第4室に在住している。この人は勇敢、囚人、泥棒、放浪者である。そして人生の中年期が幸せである。

9．アルダチャンドラ
このヨガは7つの惑星がケンドラ以外のハウスから始まって7つのハウスに在住している。このヨガは惑星が第2、3、5、6、8、9、11、12室から始まって7つのハウスに在住するので、8つ形成される。このヨガの人は軍隊の指導者であり良き外見、裕福な、勇敢な、支配者

による名誉を与えられる。

【コメント】

　すべての上記のヨガにおいて、惑星、ハウス、ハウスの支配星、星座の相互作用が本質的にある。

C　中断されているアークグループ

これには以下がある。

10.　チャクラ

　ラグナから始まり交互に6つのハウス（例えば6つの奇数ハウス）に惑星がある。この人は王かそれに匹敵する人物である。

11.　サムドラ

　第2室から始まり交互に6つのハウス（例えば6つの偶数ハウス）に惑星がある。この人は裕福で身体的喜びに恵まれ、望ましい徳のある安定した心をもつ。

【コメント】

　前述する2つのヨガが交互のハウスにおいて、3/11或いは5/9に相互に置かれた惑星の重要性を強調する。図20-5は交互のハウスに大部分の惑星が配置されていることを示す。惑星の配置は正確なチャクラヨガを形成してはいないけれども、非常に良好と思われる。この出生図の持ち主は高い地位の管理職である。

図20-5│チャクラヨガのチャート

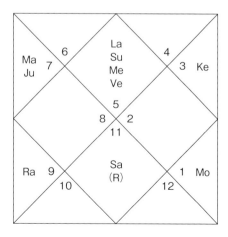

サンキャヨガ

これらはラーシの数に応じて、7つの惑星がホロスコープで在住している。したがって、これらのヨガに関して7つある。

1．ヴェーナ

　　7つの惑星がチャートの異なる7つの異なる星座に在住している。この出生図の人は音楽とダンスを好み、熟練した裕福な指導者である。

2．ダーマ（ダーマニ）

　　惑星が6以上の星座に散らばっている。その人は自由であり、名声があり、裕福で学識があり、まっとうな手段でお金を稼ぐ。

3．パーシャ

　　惑星が5つ以上の星座に散らばっている。このヨガの人は大家族をもち仕事に熟練し、財を稼ぐのが巧く、非礼で狡猾である。

4．ケダーラ

　　惑星が4つ以上の星座に散らばっている。このような人は多くの事をこなし、誠実で裕福である。そして農業に従事している。

5．ショーラ

　　すべての惑星が3つの星座にだけ限定されている。このヨガの人は怠惰であり、残酷で、社会的に拒絶され傷つき汚される。闘士である。

6．ユーガ

　　惑星が2つの星座だけに制限されている。このヨガの人は貧乏であり異端者で社会的に拒絶される、母や父を欠き徳がない。

7．ゴーラ

　　惑星が1つの星座だけに閉じ込められている。このようなヨガの持ち主は貧困で、文盲、邪悪で悲惨である。放浪者。

【コメント】

　　サンキャヨガはホロスコープにおける惑星配置に関わっている。惑星がハウスに大きく分散する時、その人は大きなバランスがとれていて、追求する興味が広

い。惑星がより少ないハウスに限定される時、惑星によって意味づけられる生命力は特別の領域に集中される。これはあるハウスを強化するが全体の不均衡や弱さの原因となる。

 要約

ナバーサヨガは、出生図の持ち主の人生のパターン、傾向、長所や欠点を示す。それらは彼の人生全体を通じて結果を与える。そしてどのダシャーにも関わらない。定義によって、1つのグループに属するヨガは他のグループのヨガと一致するかもしれない。このような状況において、しっかりしたルールに従わなければならない。以下にヒントを提供する。

1．サンキャヨガはもしここで述べられた他のヨガがホロスコープにおいて同時に得られない場合に限り適用される。例えば、7つの惑星が7つの連続したハウスか交互のハウスに分散しているならば、アークリティヨガの1つがサンキャヨガとして形成される。このような状況において、特別のアークリティヨガとして述べられた結果が明白なものとなる。
2．アーシュラヤヨガがアークリティヨガと一致する時、再びアークリティヨガが優勢となる。
3．ケダーラ、シュクーラ、そしてユガと呼ばれるサンキャヨガは、もしそれらがアーシュラヤヨガと同時に一致するならば、無効である。しかしながら、もしゴーラヨガがアーシュラヤヨガと一致するならば、ゴーラヨガが有効でありアーシュラヨガは無効となる。

古典の著書に述べられているナバーシャヨガの形成と順序を表20-1に簡潔に示す。

表20-1 | 古典の著書に述べられているナバーシャヨガの形成と順序

主な分類	ヨガ	形態
I アーシュラヤ	1 ラジュウ	活動星座にすべての惑星がある
	2 ムサーラ	固着星座にすべての惑星がある
	3 ナーラ	柔軟星座にすべての惑星がある
II ダラ	1 マーラ(スラク)	3つのケンドラにすべての吉星がありかつケンドラに凶星がない
	2 サルパ	3つのケンドラにすべての凶星がありかつケンドラに吉星がない
III アークリティ	1 ガダ	2つの隣接したケンドラにすべての吉星がある
	2 シャカタ	1室と7室にすべての惑星がある
	3 パクシャ(ヴィアガ)	4室と10室にすべての惑星がある
	4 シュリンガタカ	トリコーナにすべての惑星(1、5、9)
	5 ハラ	すべての惑星が以下のハウスにある (a) 2、6そして10室或いは (b) 3、7そして11室或いは (c) 4、8そして12室
	6 ヴァジュラ	1室と7室に吉星；4室と10室に凶星
	7 ヤーヴァ	1室と7室に凶星；4室と10室に吉星
	8 カマダ	4つのケンドラにすべての惑星
	9 ヴァーピ	ケンドラ以外のハウスにすべての惑星
	10 ヨーパ	1室から4室までにすべての惑星
	11 シャーラ	4室から7室までにすべての惑星
	12 シャクティ	7室から10室までにすべての惑星
	13 ダンダ	10室から1室までにすべての惑星
	14 ナウカ	1室から7室まで連続して惑星が在住
	15 クータ	4室から10室まで連続して惑星が在住
	16 チャートラ	7室から1室まで連続してすべての惑星が在住
	17 ダヌーシャ(チャーパ)	10室から4室まで連続してすべての惑星が在住
	18 アルダチャンドラ	ケンドラ以外から始まり(8のタイプ)7つのハウスに在住する7つの惑星

	19	チャクラ	ラグナから進んで(例えば1、3、5、7、9、11室)6つのハウスに交互にある惑星
	20	サムドラ	2室から進んで(例えば2、4、6、8、10室)6つのハウスに交互にある惑星
IV サンキャ	1	ヴェーナ	7つの星座に分散して在住するすべての惑星
	2	ダーマ	6つの星座に分散して在住するすべての惑星
	3	パーシャ	5つの星座に分散して在住するすべての惑星
	4	ケダーラ	4つの星座に分散して在住するすべての惑星
	5	ショーラ	3つの星座に限定して在住するすべての惑星
	6	ユーガ	2つの星座に限定して在住するすべての惑星
	7	ゴーラ	1つの星座に限定して在住するすべての惑星

21

ハウス支配を基礎としたヨガ

見よ。今日ここに、
私の身体の中に一堂に会している、
動不動のものに満ちた全世界を。
そしてその他あなたが見たいと望むものを。

「バガヴァバッド・ギータ第11章7」（上村勝彦訳　岩波文庫）より

　惑星が吉星となるか凶星となるかは、ホロスコープにおいてそれらが支配するハウス次第であることはすでに説明してきた。これはラグナにおいても当然いろいろな変化が起こる。

　惑星のハウス支配星は、いろいろ変化する惑星配置から得られる結果を決める際、非常に重要な要素となる。占星術においてよく言及されるように、いろいろなヨガの形の結果である異なるハウスの支配星としての異なる惑星の相互反応である。

　ヨガは、特別の結果を生み出す惑星或いは惑星群の特別の配置である。占星術のテキストに述べられているヨガは数百、数千ある。それらがあるかどうか、また強さや配置がどうであるかが出生図の持ち主の性質や名声を決定する。しかし、古典のテキストで述べられているすべてのいろいろなヨガを検討することは不可能である。惑星のハウス支配に応じたヨガの形成を強調するいくつかの原則が、この本においても検討される。4つの項目をもとに

これらのヨガを検討することを提案したい。

　Ⅰ　ラージャヨガ
　Ⅱ　ダーナヨガ
　Ⅲ　アリシュタヨガ
　Ⅳ　パリヴァルターナヨガ

 Ⅰ　ラージャヨガ

　これらのヨガは、個人の社会的地位を高めるのでそう呼ばれる。これらが強くか或いは強いハウスに位置する惑星によって形成される時、それらは十分に現象化される。弱い惑星によって形成されたり敵対ハウスに位置したりすると、それらは十分に現象化されないし、妨害や争いを招くだろう。

ラージャヨガの形成

　惑星は、以下のような時にお互いに関係づけられることはすでに指摘してきた。即ち、(i)コンジャンクション、(ii)相互アスペクト、(iii)星座交換、(iv)他のハウスにある惑星によってアスペクトされている、時である。ケンドラの支配星がトリコーナの支配星と上記の何らかの形で関係づけられる時にラージャヨガが形成される。トリコーナ（第1、5、9室）がビシュヌ神の妻である繁栄の女神ラクシュミーに属する一方で、ケンドラハウス（第1、4、7、10室）はビシュヌ神（維持者）に属する。2つの神の結合はラージャヨガを作る。ラグナはケンドラとトリコーナの両方として取り扱われる。ラージャヨガは以下のとおり相互関係の結果として成立する。

(a)　片方はラグナロードで他方は第4、5、7、9、10室の支配星（5
　　つのコンビネーション）
(b)　片方は第4室の支配星で他方は第5室か第9室の支配星（2つのコン

ビネーション）

(c) 片方は第5室の支配星で他方は第7室か第10室の支配星（2つのコンビネーション）

(d) 片方は第7室の支配星で他方は第9室の支配星

(e) 片方は第9室の支配星で他方は第10室の支配星

このように11の異なるラージャヨガが適切なハウスの間で形成される。それは第9室と第10室の支配星、片方がラグナロードで他方が第9、10、4、5室の支配星の間で形成されるヨガが特に好ましい結果を生み出すと指摘されている。

いくつかの他のラージャヨガ

パラーシャラは、次のようないくつかの他のラージャヨガについて述べている。

1．第5室の支配星と第9室の支配星のコンジャンクション或いはアスペクトは国王の身分か王族の地位に導く。

【注記】
　第9室の支配星は大臣、第5室の支配星は首相である。国王の身分とは現代の文脈においては、政府高官の地位を意味する。

2．第5室か第9室の支配星によってアスペクトされているか関わりをもつ第4室と第5室の支配星の間の星座交換は別の政府高官の組み合わせである。

【注記】
　第10室は政府を意味し、第4室は民主主義における議会を代表する。

3．第5室か第9室の支配星と関わる第4室と第10室の支配星はラージャヨガとなる。

4．ラグナロードか第9室の支配星と関わる第1、4、10室に在住する第5室の支配星は王を生み出す。

5．第9室で生じる木星－金星のコンジャンクションか第5室の支配星と

関わる木星−金星は王を生み出す。

6．月と木星によってアスペクトされるラグナにある金星は、ラージャヨ
　ガとなる。

7．第3、6、8、12室の支配星が減衰していて、ラグナとアスペクト
　したり関わったりしている強いラグナがある時、それらの惑星のダシャ
　ーの期間はラージャヨガとなる。

8．ラグナにアスペクトしている高揚あるいは定座にある第10室の支配
　星はラージャヨガになる。

事例

　図21-1はインドの最近の首相のチャートである。第10室における第8室
と第9室の支配星との強い関わりをもつ第9室と第10室の支配星は、第10
室で力強いラージャヨガを作り出している。

図21-1│インドの元首相のホロスコープ　1904年10月9日生

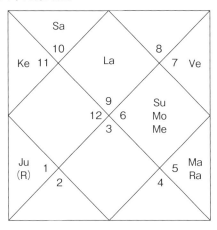

La	ラグナ	11°00′	Ju(R)	木星（逆行）	3°53′
Su	太陽	23°03′	Ve	金星	18°05′
Mo	月	23°10′	Sa	土星	21°54′
Ma	火星	12°22′	Ra	ラーフ	24°30′
Me	水星	8°06′	Ke	ケートゥ	

ナヴァムシャチャート

Me Ve		Ju Ke	
			La Su Mo Ma Sa
	Ra		

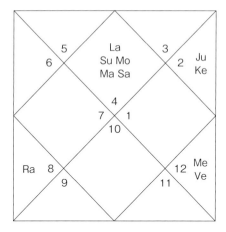

ダシャマンシャチャート

La	Ra Ve Sa	Ju	
			Me
Su Mo Ma		Ke	

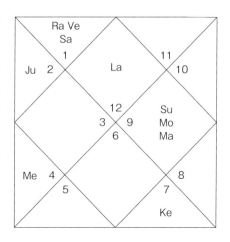

第10室における第8室と第9室の支配星の狭いオーブで結びついたラージャヨガにより、彼の前任者の急死のために、突然思いもかけずに首相になっている。同じコンビネーションが突然の予期せぬ事故を示している。第10室における太陽が方角の強さを得ることにより政府における高い地位を確かなものにしている。

ナヴァムシャにおいても、ラージャヨガがラグナロードと第10室の支配星の関わりによって形成されている。このコンビネーションもラーシチャー

トの表示を確認する一方において、第8室の支配星もまた加っている。

　ダシャマンシャにおいて、力強いラージャヨガが再び太陽をともなって第5室と第9室の支配星のコンジャンクションによって第10室にできる。

ヴィーパリータラージャヨガ

　以下の時に奇妙なラージャヨガができる。

(a)　第8室或いは第12室に在住している第6室の支配星（ハルシャヨガ）

(b)　第6室或いは第12室に在住している第8室の支配星（サララヨガ）

(c)　第6室或いは第8室に在住している第12室の支配星（ヴィマラヨガ）

　このヨガは関わるダシャーの期間の時に、地位の上昇、名声、富の獲得をもたらす。

　図21-2において、第9室支配の水星と第10室支配の月の間で相互アスペクトして力強いヨガを作る。第10室支配としての月はまた第4、5室支配の土星と生来的吉星の木星からアスペクトを受ける。第10室の支配星としての月は第4室と第5室支配星の土星のアスペクトを受け、生来的吉星の木星のアスペクトを受けている。この力強いコンビネーションは利益と財産の軸、この後で記述するダーナヨガの5/11軸と関わる。

図21-2 ｜ 力強いラージャヨガの例　1930年8月12日生

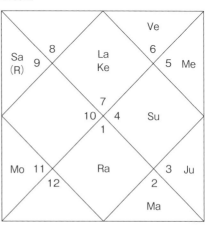

La	ラグナ	14°16′	Ju	木星	17°15′
Su	太陽	25°56′	Ve	金星	9°35′
Mo	月	26°39′	Sa(R)	土星(逆行)	13°01′
Ma	火星	26°40′	Ra	ラーフ	4°14′
Me	水星	19°44′	Ke	ケートゥ	

ナヴァムシャチャート

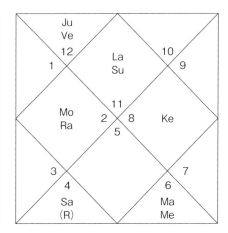

ダシャマンシャチャート

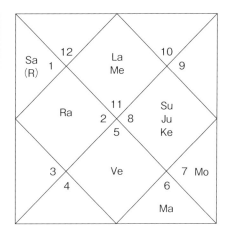

　この出生図はインド政府高官のものであり、金星同様ケートゥのダシャー期において特に地位を享受し収入が増加した。これはラージャヨガとダーナヨガが同時に起こるコンビネーションである。

　ラーシチャートとナヴァムシャチャートの両方に木星によってアスペクト
されたケートゥがある。金星は第8室の支配星で減衰しているが、上記で述
べたようにナヴァムシャでは高揚しラージャヨガを作る。これらの表示はダ
シャマンシャで確認でき、そこではケートゥが第10室において木星とコン
ジャンクションし、金星が第7室においてヨガカラカの配置となっているダ
シャマンシャでも確認できる。

Ⅱ　ダーナヨガ

　ダーナヨガは財と繁栄の占星術的コンビネーションである。これらのコン
ビネーションは強いラグナや強いラグナの支配星があると実りあるものとな
る。ラージャヨガでもダーナヨガでもラグナが強い時だけ十分に効果が表れ
る。
　2番目と11番目のハウスは財の稼ぎと蓄積に関わるハウスである。これ
らに加えて、ラクシュミー（財の女神）の居場所としてトラインが考慮され
る。即ち、これらの種々の支配星の中で何らかの関係があると財と繁栄を確
実なものにする。ダーナヨガはそれらの最も単純な形として、以下のような
相互の関係がある時に生じる。

(a)　一方にラグナロードそして他方に第2、5、9、11室の支配星があ
　　る（4つのコンビネーション）
(b)　一方に第2室の支配星、他方に第5、9、11室の支配星がある（3
　　つのコンビネーション）
(c)　一方に第5室の支配星、他方に第9、11室の支配星がある（2つの
　　コンビネーション）
(d)　一方に第9室の支配星、他方に第11室の支配星がある（1つのコン
　　ビネーション）

　これは10の違うコンビネーションを作る。いくつかのテキストは他に多

くのコンビネーションを述べている。すべてこれらのコンビネーションは構成する惑星の強さ、支配星、特別のハウスの在住、それらへの吉星や凶星の影響を吟味しなければならない。

その他のいくつかのダーナヨガ

パラーシャラは他のいくつかのダーナヨガについて述べているので、そのうちいくつかをここで列挙する。

A　5/11軸の重要性

1．金星が支配する星座（♉/♎）の第5室に在住する金星、そして火星がラグナに在住する。

2．水星が支配する星座（♊/♍）の第5室に在住する水星、そして第11室に月、火星、木星がある。

3．太陽が支配する星座（♌）の第5室に在住する太陽、そして第11室に月、木星、土星がある。

4．土星が支配する星座（♑/♒）の第5室に在住する土星、そして第11室に太陽、月がある。

5．木星が支配する星座（♐/♓）の第5室に在住する木星、そして第11室に水星がある。

6．火星が支配する星座（♈/♏）の第5室に在住する火星、そして第11室に金星がある。

7．蟹座（♋）の第5室に在住する月、そして第11室に土星がある。

B　ラグナとその支配星の重要性

1．火星と木星の影響下（アスペクトかコンジャンクション）にある獅子座ラグナの太陽。

2．水星と木星の影響下にある蟹座ラグナの月。

3．水星、木星、土星の影響下にある牡羊座か蠍座ラグナの火星。

4．木星、土星の影響下にある双子座か乙女座ラグナの水星。

5．火星、水星の影響下にある射手座か魚座ラグナの木星。

6．水星、土星の影響下にある牡牛座か天秤座ラグナの金星。

7．火星、木星の影響下にある山羊座か水瓶座ラグナの土星。

C　第5室と第9室のハウス

第5室と第9室は特に財運をみるハウスである。これらのハウス及びその支配星と関わる惑星は財の獲得を確かなものとする。

事例

図21-3において9つの惑星のうち6つが5／11軸、即ち財の軸に在住する。第5室はいくつかのラージャヨガとラージャヨガを含む。

即ち、

1．第4室の支配星とラグナロード

2．第5室の支配星とラグナロード

3．第9室の支配星とラグナロード

4．第10室の支配星とラグナロード

5．第4室の支配星と第5室の支配星

6．第4室の支配星と第9室の支配星

7．第5室の支配星と第9室の支配星

8．第5室の支配星と第10室の支配星

9．第2室の支配星とラグナロード

10．第2室の支配星と第9室の支配星

11．1つのハウスに火星と月がコンジャンクションすると財のコンビネーションとして付け加えられる。

図21-3｜ダーナヨガの事例　1950年10月15日生

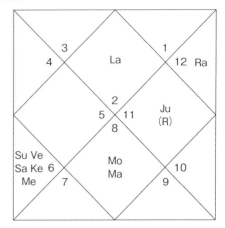

Ra		La	
Ju (R)			
	Mo Ma		Su Ve Sa Ke Me

La	ラグナ	27°01′	Ju(R)	木星（逆行）	4°33′
Su	太陽	28°33′	Ve	金星	21°06′
Mo	月	25°29′	Sa	土星	3°08′
Ma	火星	20°54′	Ra	ラーフ	4°54′
Me	水星	16°46′	Ke	ケートゥ	

ナヴァムシャチャート

			Me
Mo Ke			Ve
Sa Ma			Ra
	Ju (R)		La Su

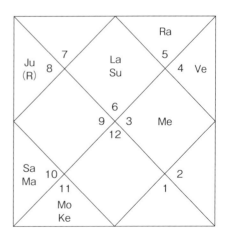

　この出生図の人は、アメリカにおいて高い社会的地位を得ていることがうなずける。ナヴァムシャにおいても、第2室と第9室を支配し第11室に在住する金星が、定座第5室にいる土星によってアスペクトされている。

　図21-4は、第4室におけるラグナロード、第2室の支配星そして第10室の支配星のコンジャンクションを示す。このチャートは、第2室と第7室を同時に支配する単一の惑星が第4室に在住する時に成立するパラーシャラの特別のダーナヨガを示す。これは牡羊座と天秤座ラグナの場合においてだけたまたま起こるものである。

図21-4│ダーナヨガ2

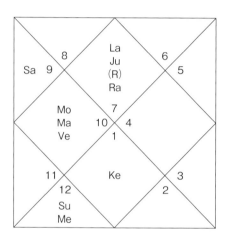

La	ラグナ	25°46′	Ju(R)	木星(逆行)	7°07′
Su	太陽	2°20′	Ve	金星	18°36′
Mo	月	21°49′	Sa	土星	2°09′
Ma	火星	6°19′	Ra	ラーフ	8°25′
Me	水星	14°26′	Ke	ケートゥ	

ナヴァムシャチャート

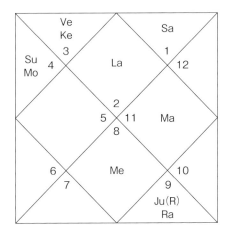

牌羊座ラグナにとって、第2室と第7室の支配星としての金星は、第4室に在住する時ダーナヨガとなる。この場合のように、天秤座にとって第2室と第7室支配の火星は第4室にある。財にとってさらに付け加えられる要素は、チャンドラマンガラの名前をもつ月と火星の絡みである。それは、図21-3においても示されている。

図21-5は、繁栄の第2室にいる力強いラージャヨガである第9室と第10室の非常に近い度数のコンジャンクションを示している。一方で、ラグナロードと第2室支配星の土星は第11室にある。ラグナロードと第11室の支配星は5/11軸に沿って相互にアスペクトしている。即ち、力強いラージャヨガとダーナヨガが形成されている。第2室は、障害と妨害を表す第8室の支配星太陽とコンビネーションを組んでいる。

出生図の持ち主は仕事を何度も変えたが、それぞれの仕事で成功したのは、更なる地位や身分の上昇、より経済的な利益を得る（第2室の効果）明らかな原因となっている。

インドゥラグナ

個人の繁栄の大きさを算出する方法はチャートにおけるインドゥラグナを決定し、それから惑星の配置を見ることである。

図21-5│1957年3月12日

	Ke	Ma	Mo
Su Me Ve			
La			
	Sa	Ra	Ju (R)

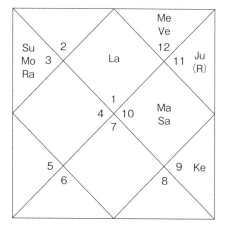

La	ラグナ	10°38′	Ju(R)	木星（逆行）	4°22′
Su	太陽	27°51′	Ve	金星	19°20′
Mo	月	29°56′	Sa	土星	20°55′
Ma	火星	3°01′	Ra	ラーフ	28°26′
Me	水星	19°50′	Ke	ケートゥ	

ナヴァムシャチャート

Me Ve	La		Su Mo Ra
Ju (R)			
Ma Sa			
Ke			

インドゥラグナをみる方法

　太陽から土星までの７つの惑星は、個別で30、16、６、８、10、12、そして１カラ或いは単位で寄与する。

(a)　ラグナから９番目のハウスの支配星と月から９番目のハウスの支配星に注目する。
(b)　２つの惑星によって寄与される単位を加える。
(c)　12の倍数を削除するために12で割る。
(d)　月から数えて、どのハウスになるかが残りの数によって示される。
(e)　それがインドゥラグナになる。

　インドゥラグナにおいて傷のない吉星、或いは高揚している凶星は、古典のテキストによれば、人を大金持ちにする。このラグナにおける通常の凶星の影響は普通の経済的状態へ導く。

　図21-3において、土星はラグナから第９室の支配星であり、月は月ラグナからみて第９室の支配星である。２つを加える（即ち１と16）と寄与する単位は17になる。これを12で割ると残りは５となる。

　出生図における月からみて第５室は魚座、ラグナからみると第11室になる。９つの惑星のうち、６つがアスペクト或いはコンジャンクションにより、このラグナに影響を及ぼす。いくつかの惑星がインドゥラグナと関わったりアスペクトしたりする時、或いはそこからケンドラに在住する時、財運を確かなものにする。

　図21-6において、ラグナロードは第２室の支配星火星と第９室の支配星の水星とコンジャンクトし、財の表示体である木星も同様に第２室に在住している。

　この出生図の持ち主は金持ちの女性である。このコンビネーションにおいて第８室の支配星の金星は、第６室支配星としての木星が法的紛争を引き起こす一方で、相続を確実なものにしている。

　ラグナから見た第９室の支配星は水星であり、月から見た第９室の支配星

図21-6│1959年12月30日

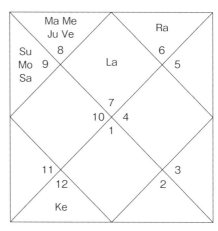

| | | La | Su Mo Sa | Ma Me Ju Ve | Ra |
| | Ke | | | | |

	La	ラグナ	18°54′	Ju	木星	24°59′
	Su	太陽	14°08′	Ve	金星	2°35′
	Mo	月	15°36′	Sa	土星	15°55′
	Ma	火星	25°29′	Ra	ラーフ	5°05′
	Me	水星	28°33′	Ke	ケートゥ	

ナヴァムシャチャート

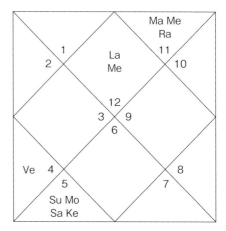

は太陽である。太陽と水星は30と8単位を足して38になり、12で割ると残りは2となる。月からみた第2室は山羊座である。これがインドゥラグナになる。ここから第11室に4つの惑星があり、力強いダーナヨガを形成する。

このチャートは、ナバーシャヨガの主要な項目にあるサンキャヨガの中の
ユガの変形を形成するホロスコープであり、２つのハウス（第２室と第３
室）にだけすべての惑星が集中するという傷つきに苦しんでいる。ユガヨガ
の存在は、このヨガの文字どおりの応用が示すような貧困に陥ることにはな
らないことがわかる。

⚙ Ⅲ アリシュタヨガ

　これらのヨガは健康の悪化へと導く。ラージャヨガとダーナヨガの結果は
強力なアリシュタヨガの存在で悪く修正される。これらのヨガの詳細な記述
はそれ自身が完全な主題である医療占星術へと人に興味をもたせる。ここで
はいろいろな惑星の支配星に関わるものとして基本原則にだけ触れることが
適切である。

　強い凶ハウスはトリクハウス、即ち第６、８、12室である。これらの支
配星が悪い結果をもたらす。さらに、マラカの惑星と絡むとそれらの毒性を
強める。より単純な形において、以下の関係がある時アリシュタヨガが形成
される。

(a)　一方のラグナロードと他方の第６、８、12室の支配星（３つのコン
　　ビネーション）

(b)　一方の第６室の支配星と他方の第８、12室の支配星（２つのコンビ
　　ネーション）

(c)　一方の第８室の支配星と他方の第12室の支配星（１つのコンビネーシ
　　ョン）

　上記６つのコンビネーションにマラカが絡むかアスペクトするとさらに悪
くなる。

ダリドゥリャヨガ

　パラーシャラのダリドゥリャヨガは貧乏や苦しみの原因となる。それはラグナロードが健康悪化をもたらすダリドゥリャのコンビネーションを伴って弱く傷つく時に見られる。ダリドゥリャヨガのいくつかは以下のようである。

1．第12室におけるラグナロードとラグナにおける第12室支配星、そして片方もしくは両方にマラカ（第2室或いは第7室）の影響がある。

2．マラカの影響がある第6室在住のラグナロードとラグナ在住の第6室の支配星。

3．ケートゥと結びついているラグナロード或いは月、そしてマラカの影響のもとにある第8室在住のラグナロード。

4．トリクハウスにある傷ついたラグナロード、第2室の支配星が減衰するか第6室で傷ついている。このようなヨガのもとでは、王族に生まれた人もまた貧乏になる。

5．第6室にある第5室の支配星、第12室にあるマラカの影響下にある第8室の支配星。

6．吉ハウスにある凶星と敵対ハウスにある吉星。

7．トリクの支配星に関わる惑星のダシャーは、もし第5室或いは第9室の支配星によってアスペクトされてないならば冨の大きな損失をもたらす。

8．第2室おける火星と土星の在住。
　　【注記】
　　　もし水星がこのコンビネーションにアスペクトしているならば、この出生図の持ち主は非常に裕福である。

9．太陽によってアスペクトされている第2室の土星。

10．土星によってアスペクトされている第2室の太陽。
　　【注記】
　　　もし土星が第2室の太陽にアスペクトしていないならば、この出生図の持ち主は裕福である。

事例

いくつかのアリシュタヨガが図21-7に例示されている。

1．ラーシチャートにおいて減衰している3つの惑星とナヴァムシャチャートにおいても減衰している2つの惑星。
2．逆行第6室支配と関わるラグナロードと太陽そして土星によってアスペクトされている。
3．月がラーフ／ケートゥ軸に絡んでいる。そしてナヴァムシャにおいて減衰している。
4．逆行の機能的凶星、水星がラグナにアスペクトする。逆行の惑星は健康に関する限り良い意味を失う。

図21-7│アリシュタヨガの事例　1961年10月19日生

La	ラグナ	29°35′	Ju	木星	5°04′
Su	太陽	2°37′	Ve	金星	8°28′
Mo	月	4°02′	Sa	土星	0°18′
Ma	火星	18°49′	Ra	ラーフ	2°06′
Me(R)	水星(逆行)	9°44′	Ke	ケートゥ	

ナヴァムシャチャート

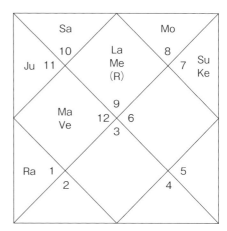

この出生図の持ち主は、筋肉系の慢性的な不治の病に苦しんでいる。しかしながら、彼は金銭的には貧しくはない。財政的に安定することを約束するいくつかのコンビネーションは以下のとおりである。

1. ラグナロードと第11室の支配星の相互アスペクト
2. ラグナロードと第5室の支配星がコンジャンクションしてラグナにアスペクトしている。
3. 第12室の支配星の減衰惑星。それは第3、6、8、12室支配の減衰惑星がよい表示であることはすでに述べたとおりである。
4. 減衰惑星が第6室に在住している。
5. いくつかのダーナヨガがナヴァムシャにもある。

 # IV パリヴァリターナヨガ（星座交換）

これらのヨガは、ハウスの支配星同士の星座交換と定義されている。2つの惑星がハウスを交換する時、それらはある力を獲得しあたかもお互いに定座に位置しているかのごとく振る舞う。星座交換によって、それらはお互い

に関わりをもつ。明らかに、良いハウスの支配星が良いハウスと星座交換すると、良い結果が生み出される。しかしながら、悪いハウスが絡むと、結果も良くない。

マントレシュワラは、パラヴァルタナヨガについて３つのカテゴリーを与えている。

A　マーハヨガ（偉大な組み合わせ）
これらには以下のような組み合わせがある。

1．ラグナロードが、(i)第２室の支配星、(ii)第４室の支配星、(iii)第５室の支配星、(iv)第７室の支配星、(v)第９室の支配星、(vi)第10室の支配星、(vii)第11室の支配星とハウスを交換している時。
2．第２室の支配星が、(i)第４室の支配星、(ii)第５室の支配星、(iii)第７室の支配星、(iv)第９室の支配星、(v)第10室の支配星、(vi)第11室の支配星とハウスを交換している時。
3．第４室の支配星が、(i)第５室の支配星、(ii)第７室の支配星、(iii)第９室の支配星、(iv)第10室の支配星、(v)第11室の支配星とハウスを交換している時。
4．第５室の支配星が、(i)第７室の支配星、(ii)第９室の支配星、(iii)第10室の支配星、(iv)第10室の支配星、(v)第11室の支配星とハウスを交換している時。
5．第７室の支配星が、(i)第９室の支配星、(ii)第10室の支配星、(iii)第11室の支配星とハウスを交換している時。
6．第９室の支配星が、(i)第10室の支配星或いは、(ii)第11室の支配星とハウスを交換している時。
7．第10室の支配星が第11室の支配星とハウスを交換している時。

【注記】
　　第２室の支配星と第11室の支配星との間の星座交換、ケンドラとトリコーナは財、地位、身体的楽しみを約束する上記に述べた28のヨガを生じる。

B　ダイニャヨガ（或いは悲惨のコンビネーション）

これらは以下のような組み合わせがある。

1．第6室の支配星が、(i)ラグナロード、(ii)第2室の支配星、(iii)第3室の支配星、(iv)第4室の支配星、(v)第5室の支配星、(vi)第7室の支配星、(vii)第8室の支配星、(viii)第9室の支配星、(ix)第10室の支配星、(x)第11室の支配星、(xi)第12室の支配星と星座交換する時。

2．第8室の支配星が、(i)ラグナロード、(ii)第2室の支配星、(iii)第3室の支配星、(iv)第4室の支配星、(v)第5室の支配星、(vi)第7室の支配星、(vii)第9室の支配星、(viii)第10室の支配星、(ix)第11室の支配星、(x)第12室の支配星、(xi)第12室の支配星と星座交換する時。

3．第12室の支配星が、(i)ラグナロード、(ii)第2室の支配星、(iii)第3室の支配星、(iv)第4室の支配星、(v)第5室の支配星、(vi)第7室の支配星、(vii)第8室の支配星、(viii)第9室の支配星、(ix)第10室の支配星、(x)第11室の支配星、(xi)第12室の支配星と星座交換する時

【注記】
① 上記の30のヨガは第6、8、12室の支配星といろいろなハウスの支配星の星座交換によって生じる。これらのトリクロードはそれらと関わるハウス支配星を破壊する。これらの組み合わせは邪悪な性質、敵対者からの執拗な迷惑、そして健康悪化へと導く。
② トリクハウスの支配星間の星座交換は特にヴィーパリータラージャヨガといわれる。ヴィーパリータラージャヨガに帰結する結果は財政的な繁栄と社会的地位の向上である。これはヨガによって与えられる結果が文字どおりの応用にならない特別の領域である。

C　カーラヨガ（悪い者同士の組み合わせ）

これらは第3室の支配星がトリクハウス以外の支配星と場所を星座交換した時に成立する。即ち、第3室の支配星が、(i)ラグナロード、(ii)第2室の支配星、(iii)第4室の支配星、(iv)第5室の支配星、(v)第7室の支配星、(vi)第9室の支配星、(vii)第10室の支配星、(viii)第11室の支配星と星座交換する時である。

【注記】
① これらの8つのヨガは偽善と邪悪な性質、不安定な運、不安定な情緒によって性格づけられる。
② これらのヨガの文字どおりの応用には根拠はない。これらのコンビネーションが分別をもって適用される時、いくつかの非常に面白い結果が生じる。

その他の特別なヨガ

しかしあなたは
その肉眼によっては私を見ることはできない。
あなたに天眼を授けよう。
私の神的なヨーガを見よ。

「バガヴァバッド・ギータ第11章8」（上村勝彦訳　岩波文庫）より

　ナバーシャヨガや惑星のハウス支配に応じたヨガはすでに述べてきた。これらに加えて、以下に特別の記述に値する著者による古典の教科書において述べられている無数のその他のヨガがある。これらのヨガは通常、変化はしないけれどもそれらの形式に影響を与える2つ或いは3つ以上の惑星と関わる特別の惑星の配置である。それらは以下の条件に応じて修正される特別の結果を与える。

(a)　特別のヨガを形成する惑星の性質
(b)　ヨガを構成する惑星のハウス支配
(c)　ハウス或いはヨガを形成する惑星が在住するハウス
(d)　ヨガの構成要素の強さ
(e)　現代の文脈の見地でも通用する古代の格言への適切な修正

　古典の教科書において述べられるヨガの数は無数にあるが、いくつかの重要なヨガだけがここで述べられる。同様の理由で、もともとはいくつかのカテゴリーにヨガを分類することを考えていたけれども、それらを分類することは容易でない。カテゴリーの中には重複するものもある。例えば、月と関わるガージャケサリヨガは月と関わるヨガとは離れたカテゴリーで述べている。我々はこれらをその他のヨガの箇所で論じている。

 Ⅰ　パンチャマハープルシャヨガ

　これらは1つの惑星だけで成り立っているので、厳密な意味ではヨガではない。それらは単独の惑星のコンビネーションである。単なる5つの惑星、即ち火星、水星、木星、金星、土星のホロスコープにおける強さと配置を基礎にして、5つの異なるヨガが生じる。

　1．ルチャカヨガ
　　　火星がラグナからみたケンドラの位置にあって、高揚、定座である時、形成される。
　2．バドラヨガ
　　　水星がラグナからみたケンドラの位置にあって、高揚、定座である時、形成される。
　3．ハンサヨガ
　　　木星がラグナからみたケンドラの位置にあって、高揚、定座である時、形成される。
　4．マラヴィアヨガ
　　　金星がラグナからみたケンドラの位置にあって、高揚、定座である時、形成される。
　5．シャシャヨガ
　　　土星がラグナからみたケンドラの位置にあって、高揚、定座である時、形成される。

1 ルチャカヨガ

このヨガのもとで生まれた人は、大胆で勇敢である。よい外見、くっきりした顔をもち力強く活力に満ちている。黒い髪、美しい眉、好戦的、残酷な、敵の破壊者、王のようにきわだちスリムで短い四肢をもつ、悪魔の言葉と同じように聖なる詩を唱える、軍の指導者、泥棒集団のリーダー、彼はすべての冒険の追求に熱心である、火や武器からの傷或いは死に苦しむ、70歳まで幸福に生きる。

2 バドラヨガ

このヨガは虎の顔をもった人に似ている、象の威厳のある足取り、大きな頬と肩、指導者としての名声、ヨガの技術に熟達、非常に学識がある、知的な、美しい身体部分、黒髪、感性が鋭い、サットヴァナな性質、聖像に詳しい人、友人の妻、子供と身体的やすらぎに満たされる、高い社会的地位を享受する、80歳まで生きる。

3 ハンサヨガ

このヨガのもとに生まれた人は公平な性質をもつ、白鳥によく似た声、美しい四肢と顔立ち、冷淡な（Kapha）性質、水中スポーツを好む、聖典に対する知識の渇望、有徳な性質、強い性的衝動、解決のためのあらゆる種類の癒し、美しい妻に恵まれる、可愛い身体の体形、100歳を越えるまで生きる。

4 マラヴィヤヨガ

このヨガのもとに生まれた人は優美な外観、ほっそりした腰回り、美しい肉体、美しい唇、長い腕、深い声と光り輝く歯をもつ。彼は子供、妻、財と身体的やすらぎに恵まれる。婚外の関係に耽る。聖典に精通し70歳の年まで生きる。

5 シャシャヨガ

このヨガのもとに生まれた人は生来残酷な性質をもち、軍隊や集団や村に

おけるリーダーシップ、財の蓄積、大胆で勇敢、彼は有能であり学識があり他人の欠点を見出す、彼はジャングル、山、要塞他の奇妙な場所をさまよう。彼は冶金学の分野で財を獲得し他人の女性を得る。そして母親に献身する。中肉中背でほっそりした腰回りで、70歳まで生きる。

【注記】

  (a) パンチャマハープルシャヨガは、火星から土星までそれぞれ5つの惑星の支配的な影響に応じた5つの異なる性質を示す。火星は強さと積極性、水星は学習と知性、木星は雄弁と智恵、金星は優雅と喜び、土星は大衆へのアピールを示す。

  (b) パンチャマハープルシャヨガは、太陽と月が強い時だけ良い結果を生む。関わるダシャーの期間は通常は良い結果を生む。

  (c) ヨガの基になっている惑星の傾向は、ヨガによって示された結果が実を結ぶ範囲を点検するためには、分割図も見ていかねばならない。

 II チャンドラヨガ

主に月から生じるヨガのことで、ルナーヨガは以下のようである。

1 スナパヨガ

月から2室目が太陽以外の惑星によって占められていると、スナパヨガが生じる。

このヨガは社会的地位を与える、大きな財産、幸運を作り出す能力、宗教的傾向、徳のある行動と物静かな性質をもつ。

【注記】

このヨガの正確な性質は、惑星或いはこのヨガを作り出している惑星の性質次第である。即ち、このヨガの多様性は惑星が月から2番目に在住するところから生じる。そしてそれが単独で在住するのか他の惑星と絡んでいるかにもよる。

2 アナパヨガ

これは月から第12室に太陽以外の惑星がある時に生じる。このヨガの持ち主は健康で愛らしく有名で名声がある。雄弁家、有徳の人、有能な、裕福

な、いろいろなやすらぎを与えられる、幸福な人である。

【注記】
　スナパヨガが蓄積や所有を強調するのに対して、アナパヨガは消費と楽しみを強調する。スナパヨガの場合と同様に、アナパヨガも多くの多様性に富んでいる。それは月から見た第12室の在住惑星の性質と数次第である。

3　ドゥルダーラヨガ

　月からみて第2室と第12室の両方に惑星があるとこのヨガを作る。ここでも太陽は考慮に入れない。このヨガのある人は話上手、学識、勇敢、有徳で有名である。このヨガは生まれついての財、乗り物、召使い、身体的癒し、敵からの解放をもたらす。

【注記】
　(a)　ドゥルダーラヨガにおいては、所有と楽しみの両方が強調される。ドゥルダーラが吉星によって形成される時、非常に幸運である。これが凶星によって形成される時、月の制限された影響をもち、不運な結果を生み出す。
　(b)　同じ原則が医療占星術にも広げられる。吉星がラグナやラグナの支配星を取り巻く時、その人々は健康である。凶星が囲む時、逆の結果を生み出す。
　(c)　このヨガの強さは月の強さ次第である。

4　ケマドルマヨガ

　月からみて2番目と12番目のハウスに在住惑星がない時、それは不運なケマドルマヨガに導く。これらのハウスに太陽が存在しても意味をなさない。
　ケマドルマヨガがチャートに存在する時、その人は妻、子供、学習、心の平安を失う。彼は悲惨、貧乏、肉体的病気、虐待に苦しむ、ケマドルマヨガはラージャヨガの良い効果を破壊する。

　ケマドルマヨガの解除
　ケマドルマヨガは、次の状況下で解除となると言われている。
　(a)　ラグナからケンドラに惑星が存在する。
　(b)　月からケンドラに惑星が存在する。
　(c)　月にアスペクトするすべての惑星。

(d)　吉星（水星、木星、金星）と関わるかアスペクトされたケンドラに強
い月がある。

【注記】

月は片側の支えを必要とする。それ以外は不運となる。

5　アディーヨガ

このヨガは、月から見て吉星（水星、木星、金星）の第6、7、8室の在
住によって生じる。このヨガは高い地位に昇る、軍隊の指揮官になる、王の
身分や政府の評価を与える。さらに健康、長寿、繁栄を保証する。

【注記】

このヨガは、3つの吉星が月から見て、共にそろって或いは単独に（どんなコンビ
ネーションであろうとも）3つのハウス（第6、7、8室）に在住することを必要と
する。このハウスにおける凶星の存在は、このヨガを破壊する。

6　月からみてダーナヨガ

月からみたウパチャヤハウス（即ち第3、6、10、11室）に在住するす
べての3つの吉星は非常に富裕な人を生み出す。このようなハウスに位置す
る2つの吉星は、中程度の財を、月から見てこれらのハウスにある1つだけ
の吉星の場合は、通常の財だけを確かなものにする。

【注記】
(a)　ウパチャヤハウスは拡大のハウスである。
(b)　太陽から数える時、ケンドラ、パナパラ、アポークリマにある月の位置によっ
て、個人の財や学識は平凡、中間、豊富になる。
(c)　チャンドラヨガによって示される結果は、他のヨガによって示される結果より
優先される。

Ⅲ ラヴィヨガ

太陽から生じるヨガ、即ちソーラーヨガは以下のとおりである。

1 ヴェーシヨガ

月以外の惑星による太陽から2番目のハウスの在住によって生じる。このような人は誠実であり、怠惰で、長身であり整った顔立ちをしている。人並みの財だけをもっている。吉星がこのヨガと関わる時、その人は雄弁であり豊かである。凶星が絡む時、貧しく悪い人たちとつきあう。

2 ヴォーシヨガ

月以外の惑星によって太陽から12番目のハウスの在住によって生じる。このヨガは出生図の持ち主に学識、雄弁さ、慈悲深い性質、鋭い記憶力、そして一般的に有徳の性質を与える。吉星がヨガを作る時、この人は知的で学識があり、強い財運があり、科学的な仕事に従事している。このヨガが凶星で形成されると、残酷な性質、醜い外見、知性の欠如、過剰な欲望を導く。

3 ウバヤチャリヨガ

太陽から2番目と12番目に在住する月以外の惑星によって成立する。これは出生図の持ち主に強い肉体、大きな責任を背負う能力、学識、良き外見、財産、多くの喜びを与える。凶星がこのヨガを形成する時、この人は貧困、奴隷状態、病気となる。

【注記】
太陽が片方の側の惑星と関わらない時は不運なヨガとはならない。

◉ IV 多様なヨガ

いくつかの重要なヨガはここに含まれる。それらはランダムな順番で簡潔に以下に述べている。

1 ガージャケサリヨガ

このヨガは木星が月からみてケンドラにある時に生じる。このヨガで生ま

れた人は裕福で有名で学識があり徳があり王によって名誉を与えられる。

【注記】
(a) これは重要なヨガである。それはホロスコープ上できやすい。それゆえ、賢明に判断されなければならない。
(b) このヨガは、木星がコンバストしていなくて吉星と関わるかアスペクトされていると実を結ぶ。月もまたコンバストや減衰がなく吉星の影響のもとになければならない。
(c) ヨガの正確な性質や結果を生じる範囲は次のような条件次第である。
　(i) 高揚、減衰等木星と月の両者の強さ及び弱さ
　(ii) 木星が月から見て第1、4、7、10室にある
　(iii) ラグナから数えて木星と月が在住するハウス
　(iv) 2つの惑星が位置する星座或いはラーシ
　(v) 2つの惑星の一方か両方に同時作用する惑星の影響
　(vi) ダシャーのパターン
(d) 強いガージャケサリヨガは永続する名声に導く。

　図22-1は月から10番目のハウスに高揚木星があることを示している。非常に力強いガージャケサリヨガを作り出している。アナパヨガを作っている月から12番目のハウスにいくつかの惑星がある。第8室における惑星の集中はこのハウスがホロスコープにおいて突出しているので特別の意味をもつ。もちろん、洗練された分析のためには分割図を考慮に入れることが重要である。このチャートは最近において数年間映画界に君臨した有名な映画俳優の

図22-1｜ガージャケサリヨガ　1942年10月13日生まれのチャート

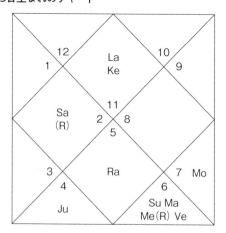

ものである。

　もし月と木星が月にとって定座であり木星にとって高揚する蟹座にある場合ならば、最善のガージャケサリヨガができることが確認される。蟹座では両方の惑星が高揚であることはできない。

2　アマーラ（或いはアマラキルティ）ヨガ

　このヨガは生来的吉星がラグナ或いは月からみて第10室に存在する時成り立つ。このような人は支配者から敬愛される。身体的喜びを享受する、情け深い性質、親しみやすく他人を助ける。

【注記】
　第10室はホロスコープの中で非常に重要なハウスである。吉星がハウスに影響を与える時、収入の合法で良心的な名誉ある手段を追求する。結果としての名声を享受する。強いアマラヨガはその人に永続する名声を与える。

3　カルタリヨガ

　これには次の2つのタイプがある。
　(a)　シュパカルタリヨガ
　　　生来的吉星がラグナからみて第2室と第12室を占める時に成り立つ。
　　このヨガの持ち主は健康、財、名声を有する。
　(b)　パーパカルタリヨガ
　　　生来的凶星がラグナからみて第2室と第12室を占める時に成り立つ。
　　このヨガの持ち主は犯罪的傾向、不健康、よくない食物をとる行動をする。

【注記】
　このヨガは月の周りでできるドゥルダーラヨガに匹敵する。読者はラグナが第12室において太陽に囲まれ、第2室において火星とラーフに囲まれている図24-1を参照するとよい。凶星がラグナ或いはラグナの支配星を囲む時、健康を害する。

4　パルヴァータヨガ

　これは2つの型がある。

(a) 第6室と第8室が空か、吉星だけが在住する、そしてケンドラに吉星が在住する。

(b) ラグナの支配星と第12室の支配星が相互にケンドラにおかれ、吉星によってアスペクトされる。

ホロスコープにおけるこのヨガの持ち主は、有名で裕福で慈悲があり幸運である。雄弁家、指導者、学識があり好色。

5 チャマーラヨガ

このヨガもまた2つの型がある。

(a) ケンドラに位置する高揚したラグナの支配星があり、木星によってアスペクトされている。

或いは、

(b) 2つの吉星がラグナ、第7、9、10室でコンジャンクションしている。

このような生まれの人は王か王によって栄誉をうける。雄弁家、才能があり賢い、聖典に精通している。

6 シャンカヨガ

これも2つの型がある。

(a) 第5室の支配星と第6室の支配星が相互にケンドラにある。そしてラグナが強い。

或いは、

(b) ラグナロードと第10室の支配星が活動星座にあり、第9室の支配星が強い。

出生図において上記のコンビネーションのどちらかがある人は、親切で徳があり、学識があり長生き、健全な道徳性があり妻と子供に恵まれる、土地を所有し繁栄を享受する。

【注記】
このヨガの持ち主は懲罰や処罰する生まれついての権威者に賦与される。

7　ラクシュミーヨガ

このヨガはラグナロードが強く第9室の支配星が定座かムーラトリコーナか高揚でかつケンドラにある時に生じる。このヨガの持ち主は外見がよく、徳があり、非常に裕福で、名声がある。王により名誉を与えられ、妻や子供たちの恩恵を受ける。

8　ラグナディヨガ

吉星がラグナからみて第7室と第8室にあり凶星が関わったりアスペクトがない時、このヨガが成立する。このヨガの持ち主は、学識があり感じが良い人である。

【注記】
　ラグナディヨガはすでに述べた（チャンドラ）アディーヨガに等しい。ここではおそらくラグナからみた第6室が、チャンドラアディーヨガの場合のように、吉星による在住が考慮される。これは出生者に生まれつきの徳、高い地位、学識と編集か文章力の高い能力を与える。

9　マハーバーギャヨガ

このヨガは以下の時に形成される。

A　男性のホロスコープにおいて
　(a)　昼間の生まれ
　(b)　奇数星座のラグナ
　(c)　奇数星座の太陽
　(d)　奇数星座の月

B　女性のホロスコープにおいて
　(a)　夜間の生まれ
　(b)　偶数星座のラグナ
　(c)　偶数星座の太陽

(d)　偶数星座の月

　マハーバーギャに生まれた人は、外見がよく寛大で有名である。性格もよく土地の所有者で王に匹敵する人である。チャートにおいてこのヨガをもつ女性は女性の美徳を備え、幸運、よき性質、多くの財を有する。

【注記】
　奇数星座は男性星座であり、偶数星座は女性星座である。
　男性のホロスコープにおいては奇数星座にラグナ、月、太陽があることが望ましく、女性のホロスコープにおいては偶数星座にそれらがあることが望ましい。

　図22-2は、インド元首相モラルジデサイのものである。ラグナ、太陽、月がすべて奇数サインの男性星座にある。ナヴァムシャラグナでさえも奇数（射手座）である。昼間に誕生。第8室にはヴィーパリータラージャヨガがある。

図22-2│インド元首相モラルジ・デサイ出生図（1896年2月29日）

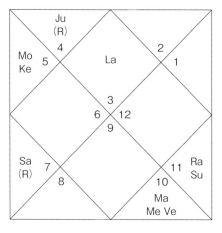

　もう一人のインドの元首相、インディラガンジーは夜のチャートであり、ラグナ、月、太陽は偶数星座にある（図22-3）。ナヴァムシャラグナ（魚座）でさえもが偶数星座である。

図22-3 ｜ インド元首相インディラ・ガンジー出生図（1917年11月19日）

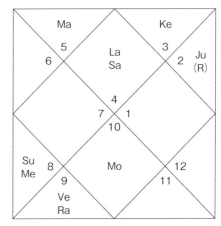

チャートは３つの星座交換によって特徴づけられる。

(a) ラグナロードと第７室の支配星の間
(b) 第２室の支配星と第５室の支配星の間
(c) 第６室の支配星と第11室の支配星の間

マハーバーギャヨガは非常に幸運な組み合わせである。

10　ヴィーパリータラージャヨガ

このヨガは前章で検討してきた。それは第６、８、12室の支配星で、（これらのハウス以外に）これらのハウスのどこかに在住する惑星から生じる。

11　チャンドラマンガラヨガ

これも以前の章において解説したが、経済的繁栄の組み合わせである。

12　シャカタヨガ

ケンドラハウス以外に在住する木星が月から見て６、８、12番目にある時に成立する。このヨガは不安定な運をもち貧困、苦労、皆からの反感に苦

しみ浮沈の大きい運を生じる。

【注記】

(a) お互いに敵対関係の木星と月（6/8或いは2/12）はこの出生図の持ち主にとって良いとは思われない。しかしながら、月からみた木星の6、7、8の配置はチャンドラヨガの形成であることを理解しなければならない。即ち、この配置はすべての状況に対して不運となる。

(b) 考慮されるべき別の重要なアスペクトは、月と木星が強いか弱いかである。図22-4において、木星は月からみて6番目にある。即ち典型的なシャカタヨガを形成している。しかしながら両方の惑星は定座にあり、加えて木星はムーラトリコーナ星座にある。ラグナはラグナ自身がラグナロードの位置にあるために強い。このチャートはインド初代首相のジャワハラル・ネルーのものである。

図22-4｜ネルー首相のチャート　1889年11月14日生

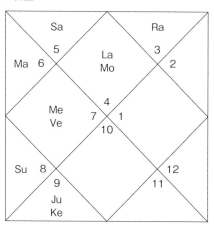

13　チャトゥスサーガラヨガ

このコンビネーションは、以下の時に成立する。

(a) すべての惑星が4つのケンドラハウスにある。

或いは、

(b) すべての惑星が活動星座にある（即ち星座番号は1、4、7、10）

このヨガは多くのアリシュタヨガを破壊し出生者に財と高い社会的地位を

保証する。

【注記】

　1つの見解によれば、このヨガはすべての4つのケンドラハウスに惑星が在住する時に生じると言われている。この関わりにおいて図22-5のラーマ国王のホロスコープを見てみる。強いガージャケサリヨガがラグナで形成され、ラグナを含む3つのパンチャマハープルシャヨガが第4、7室にいる。すべての4つのケンドラハウスに惑星がある。ケンドラハウスはハウスの柱であり在住星は非常に大きな強さを与える。第4室における凶星は、ラーマ国王から家庭の憩いを奪っている。第7室における別の凶星は妻からの離別を導いた。

図22-5 | ラーマ国王のホロスコープ

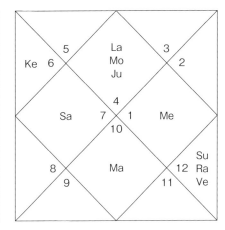

14　ダリドゥーラヨガ

　特別のダリドゥーラヨガは、太陽から土星まで7つの惑星が自然の秩序に従って連続してハウスに置かれて、隣接したハウスに先導されて配置される時成り立つといわれてきた。要するに、金星は土星から第2室に置かれ、木星は金星から第2室に置かれ、水星は木星から第2室に置かれ、火星は水星から第2室に、月は火星から第2室にそして太陽は月から第2室に置かれる。このヨガは貧乏と窮乏の原因となる。

【注記】

　このようなヨガはラーシチャートに存在しないことは認識できるだろう。それはおそらくナヴァムシャチャートで配置される。古典の作者は、応用についてのなんの手

掛かりもなしに、ある特別の組み合わせを我々に与えてきた。占星術の真面目な研究者にとって偉大な研究分野が存在する。

15　ハータハンタータヨガ

このヨガは月が第11室にあり太陽が月の星座（蟹座）にある時に成立する。ホロスコープにおいてこのヨガのある人は、彼の愚かな行動の結果として虐待（或いは死）に苦しむ。

16　ニーチャバンガラージャヨガ

このヨガは惑星の減衰の解除を示す。減衰の解除は良い結果を生み出すか、ラージャヨガを成立させると思われる。

惑星は、以下の時ニーチャバンガとなる。

(a)　惑星が減衰するハウスの支配星（即ち惑星の減衰の支配星）が、ラグナ或いは月から見てケンドラにくる。

(b)　減衰惑星が高揚するハウスの支配星がラグナ或いは月から見てケンドラにある。

(c)　減衰惑星がその減衰する星座の支配星とコンジャンクションかアスペクトしている。

(d)　減衰惑星がその高揚する星座の支配星とコンジャンクションかアスペクトしている。

(e)　減衰惑星がその減衰する星座の支配星と星座交換する。

(f)　2つの減衰惑星がお互いにアスペクトする。

【注記】
減衰する惑星はそれらの固有の弱さのために、一般的にダシャーの期間は悪い結果を与える。ニーチャバンガヨガが存在する時、減衰は良い状況へと場を作る。

図20-3（ナバーサヨガの章を参照のこと）は、2つの惑星即ちラグナと第7室で減衰する火星と土星を示す。火星はウッチャナータ（高揚星座の支配星）のアスペクトを受け、木星はニーチャナータ（減衰星座の支配星）である土星とともにウッチャナータの月と関わる。

V プラヴラジャヤヨガ（サンニヤーシヨガ）

　これらのヨガは、サンニヤシヨガとしても知られている。それは世俗的愛着の放棄か手離しに導く。これらの世俗的な物事の放棄へ導くいくつかのコンビネーションがある。これらのいくつかをここに述べる。

1．第10室の支配星がケンドラかトリコーナで4つの惑星と関わる時、出生者は死後の解脱を達成する。

【注記】
　このようなコンビネーションは敵対ハウスでは起こらない。このヨガの形成に加わる惑星はコンバストするべきではない。それ以外が即ちギータのヨガブラシュタの最終解脱の状態に導く。

　図22-6はアチャーリア・ラジニーシのものである。5つの惑星が第10室の支配星とコンジャンクションしている。しかしそのコンビネーションは障害、妨害、突然、不確定の第8室で起こっている。もしギータが信じられるならば、このような人はカルマの均衡で考慮すべきヨガの恩恵に戻らなければならない。

図22-6｜アチャーリア ラジニーシ　1931年12月11日生

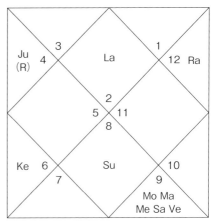

２．火星と土星によってアスペクトされている土星のドレッカナにある月、或いは土星によってアスペクトされているナヴァムシャの火星。

３．土星単独か他の惑星によってアスペクトされていない月の星座の支配星。

４．１つのハウスにともにある残りの在住惑星によってアスペクトされている月の星座の支配星。

５．木星が第９室に在住し、ラグナ、月、木星がすべて土星によりアスペクトされている。このような人は哲学のしくみを基礎づけるために認識を獲得する。

23

寿命の数学的計算

数百年間を見れますように、
数百年間生きますように、数百年間聞けますように。
数百年間語れますように、
数百年間癒しと解放の中で過ごせますように。

ヤージュルベーダ第16章24より

　聖仙はホロスコープにおける惑星のコンビネーションの基礎の上に立つ良い結果と悪い結果は寿命の長さを決定した後にだけ述べられなければならないと考える。もし出生図の持ち主が、予言が具現化するのに十分なほどに長く生きないならば、どんな予言をしても不毛である。占星術の一般的な目的にとって出生図の持ち主の寿命は、次の範疇の１つに該当する。

1．バラリシュタ或いは８歳まで
　　この期間の間、子供の生存はバラリシュタとアリシュタバンガのコンビネーションのもとに従う。
2．ヨガリシュタ或いは８歳から20歳まで
　　これは難しい領域である。この期間中の正確な生存期間は、占星術家の側にとって、非常に細かい判断が必要な問題である。
3．アルパーユ或いは短い期間、32歳の人生まで

　４．マディヤーユあるいは普通の人生の期間、32歳から70歳まで（ある
　　説によれば66歳まで）

　５．プールナーユ或いは十分に長い人生、70歳から100歳まで

寿命の長さの決定

　寿命の決定は占星術の難しい領域である。寿命を決定する多くの方法が利
用できるということは、１つの方式だけでは完全には信頼性に値しないとい
うことを示す。寿命の短い、普通、長いという決定の一般的方法は以下の３
つの要素の組み合わせである。

　グループⅠ　(a)ラグナロード　そして　(b)第８室の支配星
　グループⅡ　(a)ラグナ　　　　そして　(b)月
　グループⅢ　(a)ラグナ　　　　そして　(b)ホーララグナ

　上記の３つのグループのそれぞれにおいて、２つのコンポーネントがある。
これら２つのコンポーネントが(a)と(b)のどちらの星座になるかを見る。これ
ら(a)と(b)の２つのそれぞれの要素の配置が関連するグループよって導かれる
寿命の長さを生み出す。

　１．もし(a)と(b)が活動星座にくるならば　　　プルナーユ
　２．どちらも固着星座ならば　　　　　　　　　アルパーユ
　３．どちらも柔軟星座ならば　　　　　　　　　マディヤーユ
　４．１つが活動星座で他が固着星座ならば　　　マディヤーユ
　５．１つが活動星座で他が柔軟星座ならば　　　アルパーユ
　６．１つが固着星座で他が柔軟星座ならば　　　プルナーユ

もしすべてこれらのグループかこれらのうちの２つが同じ寿命期間を示す
ならば、それは最終的なもの思われる。３つのグループが３つの違う寿命期

間を示す場合、グループⅢ（ラグナとホーララグナ）によって考える。

　３つのグループが３つの違う寿命期間を示すが、ラグナか第７室において月がある場合、グループⅡ（ラグナと月）によって考える。

ホーララグナによる決定

　寿命の目的にとってのホーララグナはいくつかの説明を必要とする。それは以下のように決定される。

ステップⅠ　日昇時から出生時間までの経過された時間と分の数を見つける。

ステップⅡ　ラーシとしての時間を見つける（まず12で割って、それらの数が12を越えたならば残りの数で決める）。

　　　　　　分数を２で割りそれらを度数として考える。これらのラーシと度数がイシュタカーラと呼ばれる。

ステップⅢ　ホーララグナを獲得する。即ち、

　　(a)　もしラグナが偶数ならラグナのカスプにイシュタカーラを加える。

　　(b)　もしラグナが奇数なら太陽の経度にイシュタカーラを加える。

事例

1957年３月12日午前４時30分に生まれた人　IST（インド標準時間）

緯度北緯32度43分、経度東経74度52分

これはダーナヨガの個所での図21-5と同じである。

日昇（1957年３月11日）＝６時49分

日昇から出生時間までの経過時間＝28時間30分（出生時間）－６時間49分

　　　　　　　　　　　　　　　　　　（日昇時）或いは21時間41分

図23-5│寿命計算の事例　1957年3月12日

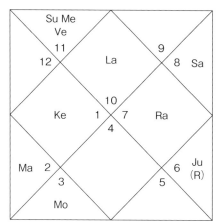

	Ke	Ma	Mo
Su Me Ve			
La			
	Sa	Ra	Ju (R)

La	ラグナ	山羊座	10°38′	Ju(R)	木星	乙女座	4°22′
Su	太陽	水瓶座	27°51′	Ve	金星	水瓶座	19°20′
Mo	月	双子座	29°56′	Sa	土星	蠍座	20°55′
Ma	火星	牡牛座	3°01′	Ra	ラーフ	天秤座	28°26′
Me	水星	水瓶座	19°50′	Ke	ケートゥ	牡羊座	

イシュタカラを星座と度数に変換すると

21s 20.5°　或いは　9s 20′ 30″

出生ラグナは偶数なので、ホーララグナは出生ラグナのカスプにイシュタカーラを加えることによって得られる。

		s[※1]　　°　　　′		
即ち				
ラグナ		9	10	38
イシュタ-カーラ		9	20	30
ホーラ　ラグナ		19	1	8

或いは12星座の倍数を除去することによって、

※1　sは星座（サイン）、数字は牡羊座を1とした星座ナンバーである。

7 s1° 8′　即ち　蠍座1° 8′

寿命について上記３つのグループを考慮すると、

グループ１	ラグナロード（土星）	固着（蠍座）
	第８室支配星	固着（獅子座）
	寿命	アルパーユ（短命）

グループ２	ラグナ	活動（山羊座）
	月	柔軟（双子座）
	寿命	アルパーユ（短命）

グループ３	ラグナ	活動（山羊座）
	ホーララグナ	固着（蠍座）
	寿命	マディャーユ（普通）

　上記のグループの２つはアルパーユ（短命）を表示するので、それは受け入れられる。

● 代替の方法

　マントレスワラは、次の要素を考慮することによって寿命を見つける代替の方法を説明している。

グループⅠ　ドレッカナにおける(a)ラグナと(b)月の星座
グループⅡ　ナヴァムシャにおける(a)ラグナの支配星と(b)月の星座の支配星
グループⅢ　ドゥヴァダシャムシャにおける(a)ラグナの支配星と(b)第８室の支配星

上記の３つの原則を事例チャートに応用すると、３つのグループをもつ。

グループⅠ　　　ドレッカナのラグナ　　　固着星座（牡牛座）
　　　　　　　　月のドレッカナ星座　　　固着星座（水瓶座）
　　　　　　　　寿命　　　　　　　　　　短命
　　　　　　　【注記】
　　　　　　　　　このためにはドレッカナチャートを作成する。

グループⅡ　　　ラグナの支配星（土星）がナヴァムシャチャートで在住す
　　　　　　　　る星座　　　　　　　　　活動星座（山羊座）
　　　　　　　　月の星座の支配星（水星）がナヴァムシャチャートで在住
　　　　　　　　する星座　　　　　　　　柔軟星座（魚座）
　　　　　　　　寿命　　　　　　　　　　短命
　　　　　　　【注記】
　　　　　　　　　このためにはナヴァムシャチャートを見る。

グループⅢ　　　ラグナの支配星（土星）がドゥヴァダシャムシャチャート
　　　　　　　　で在住する星座　　　　　活動星座（蟹座）
　　　　　　　　ドゥヴァダシャムシャチャートで第８室の支配星が在住す
　　　　　　　　る星座　　　　　　　　　活動星座（山羊座）
　　　　　　　　寿命　　　　　　　　　　長命
　　　　　　　【注記】
　　　　　　　　　この目的のためにはドゥヴァダシャムシャチャートを作成する。

　上記の２つのグループは短命を示しているので、この判断は受け入れなければならない。

　このマントレスワラの方法は研究するに値する。これは実際のホロスコープにおいてそれほど頻繁には応用されなかった。

寿命の長さを示す他の方法は以下のとおりである。

1．ケンドラにすべての吉星　長命

2．パナパラにすべての吉星　普通

3．アポクリマにすべての吉星　短命

4．ケンドラに第8室の支配星とすべての凶星　短命

5．パラパラに第8室の支配星とすべての凶星　普通

6．アポクリマに第8室の支配星とすべての凶星　長命

7．強いラグナの支配星、ケンドラに吉星、そして第3、6、11室に凶星　長命

8．強いラグナロードとケンドラの第8室支配星は長命を示す。パナパラにおいては普通、アポークリマにおいては短命

9．定座にあるラグナロードと定座の第8室の支配星は長命を確かなものとする。中立ハウスの場合は普通、不吉なハウスにおいては短命

10．第6、8、12室にある弱いラグナの支配星、吉星からのアスペクトがない　短命

11．ケンドラに凶星がありかつ吉星アスペクトがない弱いラグナロード　短命

12．第2、12室に凶星があり吉星のアスペクトがない　短命

寿命の数学的計算の方法

　寿命の数学的計算の方法は、実際のホロスコープにおいて必ずしも的確に証明できないことが指摘される。現実の寿命の長さは容易には明らかにされない神の秘密である。いくつかの役に立つ方法を以下に記す。

1. ピンダーユ

　この寿命計算の方法によれば、太陽から土星までの7つの惑星は、個別に19、25、15、12、15、21、20年の寄与となる。これらはこの半分の期間（そ

れぞれに9．5、12．5、7．5、6、7．5、10．5、10年）を減衰点※2で構成する。深い高揚と深い減衰の間でそれらは比率的に変化する形で寄与する。

ステップⅠ：惑星の度数から減衰の地点を引くことによって減衰点からの惑星の距離を見つける。これが寿命の弧※3を与える。

【注記】
　　同じ寿命の弧が他の惑星から惑星の度数とその減衰点を引くことによって得られる。結果が180°（6星座）を超える場合、これは360°（12星座）から引かれる。

ステップⅡ：（高揚と減衰の間の）180度は惑星が寄与する半分の年齢と一致するので、惑星が減衰点から除去される度数の数から寿命の弧により寄与する実際の年齢を見つける。

ステップⅢ：惑星によって寄与される年齢の半分に対して上記の数値を加える（この量は深い減衰でさえもとにかく惑星によって寄与されるので）。

この章で検討される事例の情報を適用する。

太陽

	s	°	′
減衰点	6	10	0
太陽の現在地	10	27	51
寿命の弧	4	17	51
或いは		137°	51′

$$
\begin{aligned}
太陽の寄与度 &= 9.5 （例・太陽の寄与度の半分）\\
&+ \frac{9.5 \times 137°51'}{180}\\
&= 16.775年
\end{aligned}
$$

※2　減衰点とは惑星が減衰する星座とその度数。
※3　弧は分布曲線のこと。

月

	s	°	′
減衰点	7	3	0
月の現在地	2	29	56
寿命の弧	4	3	4
或いは		123°	4′

$$月の寄与度 \quad = \quad 12.5 + \frac{12.5 \times 123°4′}{180}$$
$$= \quad 21.046年$$

火星

	s	°	′
減衰点	3	28	0
火星の現在地	1	3	1
寿命の弧	2	24	59
或いは		84°	59′

$$火星の寄与度 \quad = \quad 7.5 + \frac{7.5 \times 84°59′}{180}$$
$$= \quad 11.041年$$

水星

	s	°	′
減衰点	11	15	0
水星の現在地	10	19	50
寿命の弧	0	25	10
或いは		25°	10′

$$水星の寄与度 \quad = \quad 6 + \frac{6 \times 25°10′}{180}$$
$$= \quad 6.839年$$

木星

	s	°	′
減衰点	9	5	0
木星の現在地	5	4	22
寿命の弧	4	0	38
或いは		120°	38′

$$木星の寄与度 \ = \ 7.5 + \frac{7.5 \times 120°38′}{180}$$
$$= \ 12.526年$$

金星

	s	°	′
減衰点	5	27	0
金星の現在地	10	19	20
寿命の弧	4	22	20
或いは		142°	22′

$$金星の寄与度 \ = \ 10.5 + \frac{10.5 \times 142°22′}{180}$$
$$= \ 18.803年$$

土星

	s	°	′
減衰点	0	20	0
土星の現在地	7	20	55
寿命の弧	4	29	5
或いは		149°	05′

$$土星の寄与度 \ = \ 10 + \frac{10 \times 149°05′}{180}$$
$$= \ 18.282年$$

【注記】
　寿命の弧の実際の決定の詳細なステップは上記の計算において省略された。詳細については上記ステップ I の注記を参照のこと。

　即ち、7つの惑星によって寄与された年は次のとおりである。

太陽	16.775
月	21.046
火星	11.041
水星	6.839
木星	12.526
金星	18.803
土星	18.282

ハラス或いは減算

　7つの惑星によって寄与された寿命の上記の数値はハラス或いは減算の4つのステージに従う。これらは次のとおりである。

A　アスタンガータハラナ（コンバストによる結果としての減算）
　　惑星は太陽に近い時コンバストになる。それらの範囲は以下のようである。

月	太陽から12°以内
火星	太陽から17°以内
水星	太陽から14°以内
	（もし逆行なら12°以内）
木星	太陽から11°以内
金星	太陽から10°以内
	（もし逆行なら8°以内）

　　土星　　　　　　太陽から15°以内

　コンバストの惑星は寿命に寄与する年数の半分を失う。
　例外：土星と金星についてはコンバストによる減算にさらされない。
　事例のチャートは、太陽とともにある金星と水星のコンジャンクションを示す。両者はコンバストしているが水星だけがその寿命に寄与する年数の半分を失う。
　アスタンガータハラナの後で７つの惑星によって貢献される年数は、

　　太陽　　　　　　16.775
　　月　　　　　　　21.046
　　火星　　　　　　11.041
　　水星　　　　　　 3.419　　（半分に減算される）
　　木星　　　　　　12.526
　　金星　　　　　　18.803
　　土星　　　　　　18.282

　B　シャトルークシェトラハラーナ（或いは敵対ハウスの在住の結果として起る減算）
　　　もし惑星が敵対ハウスにあるならば、寄与する年齢の1/3（アスタンガータハラナ段階）は失われる。

　例外：
　（i）　逆行の惑星
　（ii）　ある説によれば火星
　事例のチャートによれば、太陽、木星、土星は生来的敵対のハウスに入っている。これらに関して、木星は逆行し例外のハウスに入っている。しかしながら、太陽と土星はこれらの惑星の寄与する年齢の1/3を失う。
　　即ち、シャトルークシェトラハラーナの後の７惑星の寄与する年数は、
　　太陽　　　　　　11.183

月	21.046
火星	11.041
水星	3.419
木星	12.526
金星	18.803
土星	12.188

C　チャクラパータハラーナ（或いは第7室から第12室まで6つのハウスの惑星の配置の結果としての減算）

　　もし惑星が第12室にあるならば、この減算はもっと大きくなる。それらが第11、10、9、8そして7室に在住する時、漸次少なくなる。吉星は凶星と比べて半分の損失になる。

在住ハウス	凶星から失われる比率	吉星から失われる比率
12	すべて	半分
11	半分	4分の1
10	3分の1	6分の1
9	4分の1	8分の1
8	5分の1	10分の1
7	6分の1	12分の1

【注記】
(a)　1つのハウスに多くの惑星がある時、最も強い惑星だけが寄与する年齢の減算をする。
(b)　弱い月は寿命計算において凶星とは考えない。

　事例のチャートにおいて
　第11室にある凶星である土星は寄与度の半分を失う。第9室にある吉星である木星は寄与度の8分の1を失う。
　チャクラパータの減算のあと7つの惑星によって寄与される年数は、

太陽	11.183
月	21.046
火星	11.041

水星	3.419	
木星	10.960	
金星	18.803	
土星	6.094	
全体	82.546	年

D　クルロダヤハラーナ（或いは凶星によるラグナの在住の結果として減算）

　　もしラグナに凶星（太陽、火星或いは土星）が在住しているならば、この減算は適用される。ここでの手続きは次のようなものである。

(a)　ラグナの度数の分への変換

(b)　それぞれの惑星によって寄与される年齢によって上記の分に乗じる。

(c)　チャクラリプタ[4]によって得られた数値を除する。

(d)　最初に得られたアユ或いは寿命の範囲から比率が減じられる。これはピンダーユ計算によれば寿命の範囲を与える。

【注記】

(i)　もし凶星がラグナに在住するが吉星のアスペクトもある場合、半分の減算だけが適用される。

(ii)　もしラグナが凶星と吉星の両方とも在住するならば、ラグナのカスプに最も近い惑星が考慮されなければならない。例えば、もし吉星が凶星と比べてラグナのカスプにより近くにあるならば、減算は適用されない。

(iii)　クルロダヤ減算を得る別の方法はこのようなものである。

　　それぞれの惑星が寄与する年齢によって乗じられ、そして108（獣帯のナヴァムシャの全体の数）によって除せられるラグナに上昇するナヴァムシャの数。有効である最大の減算はラグナが星座の最後にたまたまある場合において、全体の寿命の112に達する。

　　事例のチャートにおいて、ラグナには凶星は在住しない。クルロダヤ減算はここでは適用されない。

※4　チャクラリプタはすべての惑星の分数の合計。

ラグナからの寄与

　ある権威は上記の方法から得られたピンダーユの合計に、ラグナが寄与した年齢を加えることを提案している。

　これは以下のように計算される。

(a) もしラグナロードがより強いならば、ラグナのカスプの度数と分が同様の月日を表す（１つの星座或いは30度は１年を代表する）けれども、ラグナに示される揃った星座が年数の数を表す。

(b) もしナヴァムシャラグナの支配星がより強いならば、ラグナに上昇するナヴァムシャは寄与する年月日の数を表す。これに対する方法はアムシャーユ（ヴィデ　インフラ）におけるラグナの寄与を見つけるのと同じ方法である。

(c) もしラグナロードとナヴァウシャロードが同じように強いならば、すでに得られたピンダーユに両者から全体の寄与を加える。

Ⅱ　アムシャーユ

　寿命決定の方法の手続きは、次の段階を踏む。

ステップ１　星座をラグナのカスプと同様に惑星の経度の度数と分に変換する。

ステップ２　上記をそれぞれ別個に200によって分割する。

ステップ３　もし比率が12以上であるならば、年の数を得るために、それを12まで分割する。

ステップ４　ステップ２から得られた残りは年の割合（月や日等）を与える。

ステップ５　いろいろな惑星と同様に、ラグナに寄与する全寿命の範囲は実際の年齢を得るためにはバラナス（加算）とハラナス（減算）に従う。

事例のチャートに、この方法を当てはめよう。

	惑星	経(°)	度(′)	分	200によって分割された寄与年
1	太陽	327	51	19671	98.355
2	月	89	56	5396	26.980
3	火星	33	01	1981	9.995
4	水星	319	50	19190	95.950
5	木星	154	22	9262	46.310
6	金星	319	20	19160	95.800
7	土星	230	55	13855	69.275
8	ラグナ	280	38	16838	84.190

異なる惑星やラグナによって寄与されるアムシャーユの実際の年は以下のとおりである。

太陽	2.355	（98.355等寄与する年数から12の倍数を除去することによって得られる）
月	2.980	
火星	9.995	
水星	11.950	
木星	10.310	
金星	11.800	
土星	9.275	
ラグナ	0.190	

バラナス（或いは加算）

(a) 高揚、逆行：寄与年齢を3倍にする。

(b) ヴァルゴッタマ、定座、ナヴァムシャの定座或いはドレッカナの定座 寄与年齢を2倍にする。

(c) いくつかの増大ができる場所で、最も高い所だけに適用する。

事例のチャートにおいて、月がヴァルゴッタマ、水星が定座のドレッカナにある、木星は逆行、そして土星は定座のナヴァムシャにある。土星の寄与は他の惑星の寄与度が2倍になるのに比べて、3倍になる。アムシャーユはバラナスの後数年において以下のとおりである。

太陽	2.355
月	5.960
火星	9.995
水星	23.900
木星	30.930
水星	11.800
土星	18.550
ラグナ	0.190

ハラナス（或いは減算）

　クルロダヤ減算がここでは減算されないことを除いて、ピンダーユ計算における減算と似ている。それに加えて、もしいくつかの減算が惑星に適用できるならば、より大きな減算だけが適用されなければならない。

　実例のチャートにおいてすでにこれらを見てきた。

　１．アシュタンガタ減算（2分の1）は水星に適用する。

　２．シャトゥルクシェラトラ減算（3分の1）は太陽と土星に適用する（逆行の木星は例外である）。

　そして、

　３．チャクラパータ減算は土星（3分の1）と木星（8分の1）に適用する。

【注記】
　土星はシャトゥルクシェラトラとチャクラパータという2つの減算にさらされるので、より大きいほうだけ、即ちチャクラパータだけが減算の適用となる。

寄与されたアムシャーユは次のようになる。

太陽	1.177
月	5.960
火星	9.995
水星	11.950
木星	27.064
金星	11.800
土星	9.275
ラグナ	0.190
全体	77.411　年

III ニサルガユ[※5]

出生から進んで、いろいろな惑星は決まった順序で固定された年数の寄与をする。

月	1年
火星	2年
水星	9年
金星	20年
木星	18年
太陽	20年
土星	50年

【注記】
(i)　太陽、月、ラグナの寿命に関しては以下のように言われている。
　(a)　もしラグナが最も強いならば、アムシャーユを適用する。
　(b)　もし太陽が最も強いならば、ピンダーユを適用する。

※5　ニサルガユはピンダーユと同じ計算方法で惑星の年数を求めるが、基準になる惑星の年数が異なる。

(c)　もし月が最も強いならば、ニサルガユを適用する。

(ii)　数学的手段による寿命の計算方法は一般的に不満足と指摘されているかもしれない。寿命の長さ（即ち、アルパーユ、マディヤーユそしてプルナーユ）の決定は、はじめに述べられたように適切なマラカ或いは敵対のダシャー期と相まって、より信頼性のある結果を与える。

☀ 死－苦痛のダシャー

　その他のどこでもマラカの役割についての記述が書かれている。3点ほどここで付け加える。

1．ヴィムショッタリの主要ダシャーの順序において、4番目のダシャーが土星になるか5番目が火星になるか6番目が木星か7番目がラーフであるならば、これらのダシャー期は命取りになる（或いは健康にとって敵対となる）。

2．コンバストか減衰か或いは弱い惑星のヴィムショッタリダシャーが順序において3番目、5番目、7番目であるならば、そこで健康悪化が再び見られる。

3．チィッドラグラハ或いは弱い惑星のダシャーは死或いは病気の原因となる。チィッドラグラハは、

(a)　第8室の支配星

(b)　第8室の在住星

(c)　第8室にアスペクトする惑星

(d)　22番目のドレッカナの在住星（ラグナからみて）

(e)　第8室の支配星との絡みがある

(f)　64番目のナヴァムシャの在住星（月からみて）

(g)　第8室の支配星のひどい敵対星（アディシャトル）

【注記】

　寿命の決定は難しい分野であり、これに関しては数学的な公式は信頼できないので、寿命や死の時についての予言の際に大きな注意を払わなければならない。

24

健康と病気の占星術

> ヨガの火からなる身体を
> 獲得した人(ヨーガ行者)にとっては、
> 病いも、老いも、
> 死も存在しない。
>
> 「シュヴェーターシュヴァタラ・ウパニッシャド　第2章12」
> ウパニシャッド（湯田豊訳　大東出版社）より

　健康と病気に関する占星術チャートの分析は、しばしば洗練された判断力の問題となる。それは一方において健康悪化の原因をさぐり、他方においては出生図の持ち主を守るというしばしば相矛盾した要素について分別あるバランスがとれた判断を要求されるからである。これは、ホロスコープは以下のように判断されるべきものであることを意味する。

(a)　健康維持と病気からの回復を確実なものにする固有の強さに対して

(b)　ダシャーパターンによって示される特定の時期の病気として示される
　　固有の弱さに対して

健康の状態

　健全な健康状態或いは健康かどうかを決定するためには、次の要素が考慮されなければならない。

1.ラグナ

　健康のための単純な最も重要な要素は、ラグナとその支配星の健全さにある。もし以下のような状態であるならば、ラグナは強く良い健康を確保できる。

- (a)　自身のラグナが在住する。
- (b)　自身のラグナによってアスペクトされる。
- (c)　生来的吉星が在住する。
- (d)　生来的吉星によってアスペクトされる。
- (e)　強い或いは高揚した惑星が在住する。
- (f)　機能的吉星が在住するかは吉星よってアスペクトされる。
- (g)　生来的及び機能的凶星によってアスペクトされていないか在住もない。

【注記】
生来的吉星がラグナのカスプに近ければ近いほど、ラグナは強くなる。1度以内のコンジャンクションは非常に深い影響をもつ。

　ラグナが以下のような状態になっていたら弱い状態である。

- (a)　自身の惑星の在住もアスペクトもない。
- (b)　生来的吉星の在住もアスペクトもない。
- (c)　機能的吉星の在住もアスペクトもない。
- (d)　生来的及び機能的吉星の在住かアスペクトされている。
- (e)　減衰惑星や弱い惑星が在住している。

【注記】
もし減衰惑星か弱い惑星がラグナのカスプの1度以内に位置しているならば、健全

な健康を保つ上で悪い影響がある。

2. ラグナの支配星

　健全なる健康を保つ上で、ラグナの支配星は以下のようでなければならない。

(a) ラーシチャートにおいても分割図においても強いか高揚している。
(b) 吉星と関わっている。
(c) 吉星によってアスペクトされている。
(d) 吉ハウスに位置している。

　ラグナロードは以下のような状態で敵対的に振る舞う。

(a) ラーシチャートにおいても分割図においても弱いか減衰している。
(b) 凶星と関わっている。
(c) 凶星によってアスペクトされている。
(d) 第6、8、12室のような敵対ハウスに位置している。

【注記】
(a) 吉星及び凶星とラグナとの近い関係は非常に重要であることをここで再び強調しなければならない。ラグナロードの1度以内にある惑星はより強い影響を発揮する。
(b) ラグナ或いはラグナロードがヴァルゴッタマ（ラーシとナヴァムシャで同じサインにある）である時、それらは特に強く少しくらいの悪い影響にも耐えることができる。

3. 月の状態

　月の強さは健全な健康の維持にとって重要である。月の敵対的な配置（第6、8、12室において）は、子供時代の健康に悪影響を及ぼす（バラリシュタ）。同様に、凶星の関連或いは凶星のアスペクト、もしくは凶星の対向アスペクトは健康によくない。もしホロスコープにおいて出生図の持ち主の子供時代の健康を保護するコンビネーションがあるならば、ダシャーの期間がバラリシュタコンビネーションと関わる時、ダシャーの後半になって健康を害することが起こる。言い換えると、バラリシュタは適切なダシャーの後

半に現れるホロスコープにおける弱さとして出てくる。

4. ケンドラとトリコーナの役割

　ケンドラはホロスコープの4つの柱である。トリコーナとともに、ケンドラはホロスコープにおいて最も重要なハウスを形成する。ケンドラとトリコーナに在住する吉星はその出生図の持ち主の健康を長きにわたって確かなものにする。これらのハウスに凶星があると、それは病気を示す。

【注記】
　逆行の吉星は病気に対する保護をしない。これらの支配星は敵対的に振る舞う代わりに、ダシャーやアンタラダシャーの期間、健康を害する原因となる。逆行の凶星はさらに悪い。生来的凶星によってアスペクトされた逆行吉星及び逆行の生来的凶星によってアスペクトされた順行吉星も同様に悪く振る舞う。

5. トゥリシャダヤ

　第3、6、11室は悪いハウスと考えられている。これらの支配星も敵対的に振る舞う。生来的凶星がこれらのハウスに在住する時、これらは健全な健康を保つ。しかしながら、これらのハウスの凶星は一般的に悪い健康に対して本人を守る一方で、これらの惑星のダシャーやアンタラダシャーの時は、健康を害するかもしれない。これらのハウスの支配星は、これらのダシャーの期間中、健康悪化の引き金になる。

6. 第8室／第8室の支配星

　第8室は寿命のハウスである。第8室における凶星は慢性病や不治の病の原因となる。凶星であるけれども土星は例外である。それは健康を確かなものにし、第8室の在住によって長寿となる。
　よい健康や長寿にとって、第8室の支配星は強く良い吉星の影響のもとにあらねばならない。

【注記】
　もしラグナと第8室がサルヴァアシュタカヴァルガにおいて強いならば、それは健康にとってよい。これらの2つのハウスがサルヴァアシュタカヴァルガにおいて弱い

ならば、それらは健康に問題がある。

7.ヨガの役割

ラグナや第8室との関連において強く良いヨガがある時、そのような人々は健康である。

我々は以下のことに注意深くなければならない。

(a) ラグナにおけるラージャヨガの形成。

(b) ラージャヨガの形成におけるラグナロードの関わり。

(c) ラグナ或いはラグナロード周辺の吉星のドゥルダーラの形成。

【注記】

ドゥルダーラは一般的に月との関連において、太陽以外の惑星が月から2番目と12番目を占める時と記述されている。吉星がラグナとラグナロードから2番目と12番目を占める時、それは吉星のドゥルダーラ或いはシュバカルタリヨガを形成する。

凶星がラグナ或いはラグナロード周辺でドゥルダーラを作る時、それらは健康を害する。ラグナ或いはラグナロードから12番目のハウスにおける順行の凶星、そしてそれから2番目のハウスにおける逆行の惑星は、2つの凶星が両側のサイドからラグナ或いはラグナロードに接近しラグナを傷つける傾向があるので、特に悪い組み合わせである。

8.適切なダシャー

惑星の位置はチャートにおいて固定的な約束を示すので信頼性が高い。これはダシャーの形においてそれ自身を維持するために、動的な構成の機能を必要とする。健康悪化は関連する敵対的ダシャーが機能するならば発生するだけだろう。即ち、健康悪化と関連するダシャーの両方が重要である。もし惑星トランジットがダシャーと組み合わさるならば、ダシャーの結果はより的確に解読される。

ハウス、サインと身体部分

病気の部位を特定づけるためには、ホロスコープのそれぞれのハウスと獣

帯のサインによって示される身体部分を知らなければならない。それらは以下のとおりである。

ハウス	サイン	身体部分
第1室	牡羊座	頭
第2室	牡牛座	顔、右目
第3室	双子座	肩、上肢、右耳
第4室	蟹座	胸
第5室	獅子座	心臓、胃
第6室	乙女座	腸
第7室	天秤座	臍周辺の領域
第8室	蠍座	生殖器
第9室	射手座	尻、太腿
第10室	山羊座	膝
第11室	水瓶座	脚、左耳
第12室	魚座	足首、左目

 ## ドレッカナの役割

ドレッカナは医療占星術と特別の関連性をもつと思われる。ドレッカナがラグナに上昇することに対応して、身体の病気の部位を位置づけることが可能である。

3つのドレッカナが身体の3つの部分を代表する。
- (a) 頭から口へ
- (b) 首から臍へ
- (c) 骨盤から足首へ

上昇するドレッカナによる体のいろいろの部分が表24-1に表示される。

表24-1│ドレッカナと身体部分　ラグナに上昇するドレッカナを基礎として

ハウス	1stドレッカナ	2ndドレッカナ	3rdドレッカナ
第1室	頭	首	骨盤
第2室	右目	右肩	発生器官
第3室	右耳	右腕	右睾丸
第4室	右鼻孔	体の右側	右太腿
第5室	右頬	心臓の右側（心房と心室）	右膝
第6室	右顎	右肺と胸	右ふくらはぎ
第7室	口	臍	脚と足
第8室	左顎	左肺と胸	左ふくらはぎ
第9室	左頬	心臓の左側	左膝
第10室	左鼻孔	左腕	左太腿
第11室	左耳	左腕	左睾丸
第12室	左目	左肩	肛門

 # 惑星

　予言をする際の成功は、惑星、サイン、ハウス間の相互作用の理解次第である。異なる惑星は医療占星術との関わりでは特別の表示を提供する。簡潔に以下に述べる。

太陽：ピッタ（胆汁質）、心臓、眼病、胆汁と膀胱の病気、火傷

月：カパ（粘液質）、精神的安定、生理不順、胸の病気

火星：ピッタ、事故と外科手術、火傷、生理不順、骨髄

水星：すべての３つのドーシャ等、ヴァータ（風の要素）、ピッタ、カパ、
　　　識別、神経衰弱、気質、皮膚病

木星：カパ、肝臓、胆汁、膀胱、糖尿病、肥満

金星：ヴァータとカパ、性的倒錯、性病、視力、泌尿器系、腸、虫垂

土星：ヴァータ、慢性病か急性病、麻痺、足脚の病気、

ラーフ＆ケートゥ：慢性病か急性病、毒、蛇噛み、害虫、ウイルス性の病
　　　　気、発疹性の熱

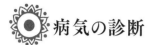

病気の診断

　ホロスコープチャートから病気の診断をすることは、難しい領域であると
ここで指摘しておく。現代の対症療法の診断には病気の病因の詳細な理解が
必要であり、長い年月の訓練を要求される。占星術的方法はそれほど単純で
はない。病気のプロセスを理解することなしに占星術的根拠の上で理路整然
とした診断をすることは、まったく不可能である。

　何人かの自己スタイルの占星診断師は、これらの強い意見に憤慨するかも
しれない。しかしながら、せいぜい与えられたホロスコープから心臓病か腎
臓病か腸の病気かを示すことができるだけである。この情報はしばしば患者
自身によって提供され、占星術師は彼の技術の力量を試みる必要がない。占
星術師がもし洗練された科学的な診断を提供し治療のプロセスにおいて内科
医に案内ができるならば有用となる。

　不幸なことに、対症療法システムは昔の非常に一般的な、そして非常に効
率的なアーユルベーダシステムの基礎を理解するための努力をしなかった。
アーユルベーダの原則に従えば、病気の基礎を示すために占星術を用いるこ
とは非常に容易である。古代のアーユルベーダを現代の対症療法に翻訳する
いくつかの方法は、占星術ばかりでなく対症療法やアーユルベーダも同様に
発展させなければならない。その時まで、病気の現実の診断は内科医や占星
術を研究している内科医に委ねられるべきである。

病気のタイミング

　占星術的診断を行うよりずっと退屈なことは、起こりそうな病気の時期と
その結果の決定する領域である。これはいくつかの標準的な占星術に原則の

応用を必要とする。それらは簡潔に以下のように説明できる。

1．機能的凶星のダシャー

　　その他のどこでも、惑星の性質を検討する一方で、ホロスコープにおけるハウスの支配星に応じて、凶星として振る舞う惑星のことを述べられなければならない。生来的吉星が敵対ハウスにあるならば凶星として振る舞う。いろいろな惑星の性質を決定するのはラグナである。

　　ラグナが生まれつきの体質を示している以上、特定のラグナに敵対的に配置されている惑星は、健康の悪さを示す。特定期間に機能するダシャー期の惑星の性質を注意深く研究することが重要である。

2．トリクハウス／トリクハウスの支配星の役割

　　トリクハウス或いは第6、8、12室のマハーダシャーとアンタラダシャーは病気の原因にとって特別に重要である。これらの惑星はアスペクトしたりコンジャンクトしたりする他の惑星に対して悪い影響を与える。トリクハウスにおかれた惑星が敵対的であるならば慢性病の原因となる。

3．逆行惑星

　　逆行惑星のダシャーは、ケンドラにおかれている時やラグナロードと関わりがある時は特にそうであるが、そのダシャー期の間健康がよくない。

4．弱い惑星

　　コンバスト、敵対星座、減衰惑星であるダシャー期は、もしナヴァムシャや他の分割図で力がないならば、健康にとってもよくない。もしダシャーの支配星が弱いならば病気に対する抵抗力は弱く強さに欠けている。

5．ラーフ・ケートゥ軸（RKA）

　　ラグナやラグナロードに関わるRKAは、もし他にも健康に悪い表示があるならばそれらを傷つけ健康に悪い。

6．22番目のドレッカナ／64番目のナヴァムシャの支配星

　　これらは健康にとって特に付け加えるべき悪い要素である。

7．予防的な影響への配慮

　チャートの健康と病気を調べる時はいつも病気を予防する要因に注意を払う必要がある。出生図の持ち主を守る強い影響がある時、続いて起こるダシャーにおける穏やかな変動は健康を乱さない。この関連においては好ましいトランジットが考慮されなければならない。好ましくないトランジットは逆に悪影響を及ぼす。

8．ダシャーの結果

　これは病気の結果を決定するのに重要である。一般的に、ダシャーの結果は次の影響をもたらす。

(a)　悪いダシャーによって引き継がれるよいダシャー
　　病気の発生。

(b)　よいダシャーによって引き継がれる悪いダシャー
　　回復する。

(c)　別の悪いダシャーに引き継がれる悪いダシャー
　　病気の長期化、合併症。

(d)　別の悪いダシャーに続く悪いダシャーに引き継がれる悪いダシャー
　　回復しない病気或いは死、出生者は3番目の悪いダシャーまで生きないかもしれない。

チャート分析のための必要条件

　医療占星術は特別の専門領域である。堅実な結果を得るためには、データが非常に正確であり、チャートの特定時間においていくつかの方法を用いながら十分な分析が行われなければならない。少なくとも次のデータを得られなければならない。

1．ラグナのカスプとハウスの度数の正確な計算の伴ったラーシチャート
2．ドレッカナ、ナヴァムシャ、ドゥヴァダシャムシャ、望むらくはトゥ

リムシャムシャ

3．マハーダシャー（MD）から、アンタラダシャーを通してプラティア
　ンタラダシャーに作用したヴィムショッタリダシャー。特別の注意が出
　生時間にはたらくダシャーを解析するため払われなければならない。

4．確認のための更なる分析道具

(a)　少なくとも、1つの付加的なダシャー。即ち、ヨーギニーかジャイ
　　ミニチャラダシャー

(b)　アシュタカヴァルガ

(c)　適切な年のヴァルシャハラ或いはアニュアルチャート

(d)　トランジット

(e)　適切な箇所でのプラシャナ或いはホラリーシステム

 図解

　図24-1は、ラグナにおける第8室の支配星の在住を示す。ラグナロード
は不吉なサインに位置づけられている。第6室の支配星の月からアスペクト
されている。ラグナはドゥヴァダシャムシャ同様、ナヴァムシャ、ドレッカ
ナにおいていろいろに傷つけられている。救いはラーシ、ナヴァムシャ、ド
レッカナにおいて、さらにはナヴァムシャにおけるラグナロードにアスペク
トする木星があることである。

　出生図の持ち主は、火星／木星期に生まれた。火星／土星期において彼は
牛乳と卵の蛋白質に対するアレルギーを防ぐことができなかった。これは水
星のADの間は悪化していた。

　水星は第8室の支配星として特にひどく、22番目のドレッカナでもあった。
火星は機能的凶星である。木星は64番目のナヴァムシャにある。子供は自
閉症にも苦しむ。

図24-1 | 病気の診断1 自閉症の子供 1987年2月8日生

Ma Ju Ra		Mo	
La Me			
Su			
Ve	Sa		Ke

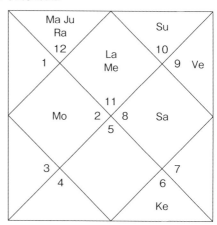

La	ラグナ	5°46′	Ju	木星	1°15′
Su	太陽	25°35′	Ve	金星	10°11′
Mo	月	27°13′	Sa	土星	25°26′
Ma	火星	27°59′	Ra	ラーフ	19°31′
Me	水星	13°04′	Ke	ケートゥ	

ナヴァムシャ

Ma			Ke
Sa			Ju Ve
Me			Su
Ra	La		Mo

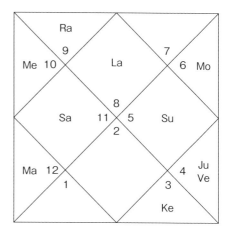

ドレッカナ

Ju	Ve		Me
La			Sa Ra
Mo Ke			
	Ma		Su

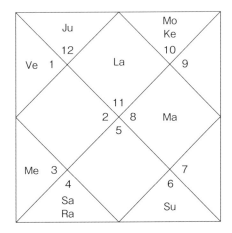

ドゥヴァダシャムシャ

Mo Ju	La Ve Ke		
Ma			Me
	Su	Ra	Sa

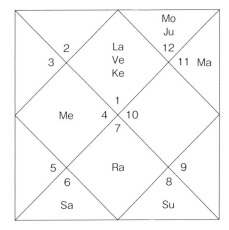

　図24-2の出生図の人は、ヴィムショッタリの太陽／ケートゥ期のMD／ADの期間に、右側腎臓と尿管に多くの石が除去された。

　ラグナは減衰の生来的凶星が在住し、一方ラグナロードはケートゥと絡んで敵対する第6室に在住している。ラグナにもラグナロードにも吉星のアスペクトがない。また、ケンドラにもトリコーナにも吉星がない。この出生図の人は健康を害しがちである。

　ナヴァムシャにおいて、ラグナロードは減衰し、生来的凶星の火星とコン

図24-2│病気の診断2　腎臓病　1964年10月12日生

		Ju (R)	Ra
Sa (R)			La Ma
			Ve
Mo Ke			Su Me

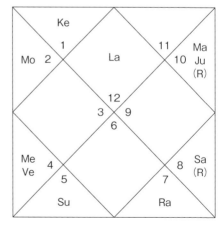

La	ラグナ	26°41′	Ju (R)	木星（逆行）	1°34′
Su	太陽	25°09′	Ve	金星	13°35′
Mo	月	4°42′	Sa (R)	土星（逆行）	5°21′
Ma	火星	22°40′	Ra	ラーフ	2°18′
Me	水星	22°16′	Ke	ケートゥ	

ナヴァムシャ

La	Ke	Mo	
			Me Ve
Ma Ju (R)			Su
	Sa (R)	Ra	

ドレッカナ

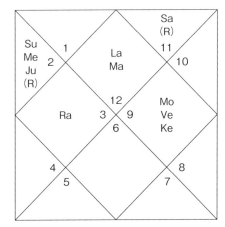

ドゥヴァダシャムシャ

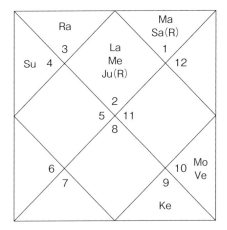

ジャンクションし別の凶星の土星からアスペクトされている。良好と思われる5/11軸に3吉星があるけれどもケンドラに吉星はない。

　太陽のMDは健康を害する時と一致している。太陽は蟹座ラグナにとっての機能的凶星と関わり逆行6室支配星によってアスペクトされている。土星は定座にあり、64番目のナヴァムシャに在住する。ADの支配星ケートゥはラグナロードとともに第6室に位置する。

ドレッカナにおいて、ケートゥは第8室の支配星と絡み、ドゥヴァダシャムシャにおいて第8室に在住する。それはまた、ラグナと月がともにガンダーンタに入ることが記される。

引き続いて起こる月のMDは月が配置により、生来的／機能的凶星によって、すべての分割図においていろいろに傷ついているのでまったく傷がないことはない。

図24-3の出生図の持ち主は、ラグナロードの第2室在住と第2室の支配星の第11室在住と第11室支配星のラグナ在住による力強いダーナヨガをもつ医師である。2つの惑星が減衰している。これらに関して、太陽は正確な減衰点にありラグナに位置している。ラグナは土星のアスペクトを受け、火星はラグナロードにアスペクトしている。ラグナはすべてのチャートにおいて傷ついている。

ラーフダシャーの開始以来、出生図の持ち主は進行性リューマチ性関節変形を伴う多発性関節炎に苦しんできた。第6室のラーフ（凶星）は通常は健

図24-3│病気の診断3　リューマチ性多発性関節変形　1949年10月27日生

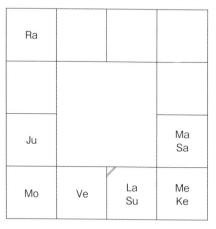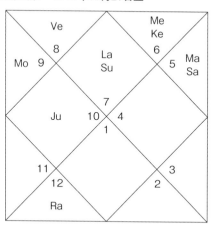

La	ラグナ	7°35′	Ju	木星	1°28′
Su	太陽	10°08′	Ve	金星	25°40′
Mo	月	19°53′	Sa	土星	22°49′
Ma	火星	6°51′	Ra	ラーフ	22°27′
Me	水星	24°26′	Ke	ケートゥ	

ナヴァムシャ

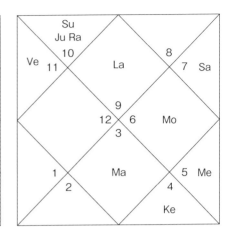

ドレッカナ

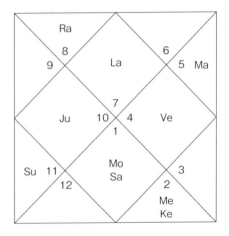

全な健康を表示するはずである。しかしながら、ラグナが弱く傷ついている時、特にラーフのダシャーの間は、第6室（病気）の結果を与える。

　ラーシにおいてもドレッカナと同様ナヴァムシャもラーフは火星によってアスペクトされ、ドゥヴァダシャムシャにおいては土星によってアスペクトされている。

　図24-4は、典型的なバラリシュタのコンビネーションであるラグナ在住

ドゥヴァダシャムシャ

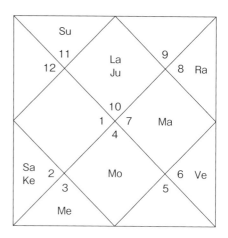

の第8室支配星の太陽と第8室在住の月の配置である。月はガンダーンタで
もあり（その個所を参照する）、22番目のドレッカナにあり64番目のナヴァ
ムシャに在住している。それは太陽とラグナにアスペクトする土星の敵対的
なアスペクトを受けている。凶星だけがケンドラをアスペクトしている。ラ
グナにアスペクトする唯一の吉星は逆行している木星である。

　バラリシュタは月のMD期で土星のAD期（1994年2月19日から1995年9
月20日まで機能している）においてはっきり示された。水星は第12室に位
置する逆行の第6室支配である。それは第8室に在住する第7室支配のMD
期（マラカ）であり第12室（入院等）在住の第6室（病気）支配のAD期で
ある。

　出生図の持ち主はリンパ腫の特殊なタイプである不治の深刻な病気をもつ。
ここでの重要な点は適切なダシャーが機能する時はっきり出るバラリシュタ
の存在である。誕生は月の位相がクリシュナパクシャ（黒分）である一方で、
夜の時間である（太陽の経度はラグナのカスプより大きい）のでアリシュタ
バンガは成立しない。

　健康と病気の占星術的アスペクトに関する更なる詳細については、読者は
K. S. Charak著『Essentials of Medical Astrology（仮題：医療占星術の真髄、
日本語版未刊行）』を参照されたい。

図24-4｜病気の診断4　不治のリンパ腫　1949年10月27日生

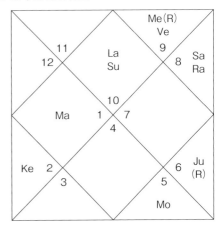

	Ma	Ke	
			Mo
La Su			
Me(R) Ve	Sa Ra		Ju (R)

La	ラグナ	0°30′	Ju(R)	木星(逆行)	8°32′
Su	太陽	4°28′	Ve	金星	13°16′
Mo	月	0°18′	Sa	土星	17°46′
Ma	火星	0°24′	Ra	ラーフ	3°46′
Me(R)	水星(逆行)	19°02′	Ke	ケートゥ	

ナヴァムシャ

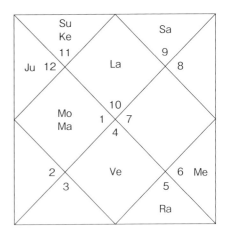

ドレッカナ

Sa	Ma Me Ve	Ke	
La Su			Mo
	Ra		Ju

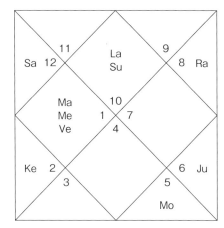

ドゥヴァダシャムシャ

	Ma	Ve	Sa Ke
Su			Me
La			Mo
Ju Ra			

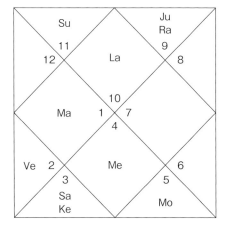

25

ヴァルシャハラ
（年間ホロスコープ）

まことにプラジャパティーは歳月である。
歳月には南と北へ行く2つの道が存在する。

「プラシュナ・ウパニッシャド第1章9」ウパニシャッド（湯田豊訳　大東出版社）より

　インド占星術はいろいろ豊富な技法がある。アニュアルホロスコープを読むインド占星術の方法は、ヴァルシャハラ或いはタジクシステムと呼ばれる、出生者の特定の年の惑星のトランジットを応用する素晴らしい方法である。これによって、ヴァルシャファラは本質的にトランジットシステムと位置づけられる。それは出生図との関わりにおいて用いなければならない。出生図に示された約束は適切なアニュアルチャートに示された年の中で成果を達成する。アニュアルチャートは、イベントについてのより詳細な情報を提供する。それゆえ、この分野の占星術は、占星術師にさらなる予言のための道具を供給することになる。

アニュアルチャートの基礎

ヴァルシャファラは太陽の動きをベースとしている。いわば、主に重要な星座における太陽の位置を考慮する。出生者の特定の年のアニュアルチャートは太陽が出生時と同じ経度に達する時間に対して作成される。それぞれの恒星時間の後、太陽はその始めの位置に戻る。すなわちソーラーリターンのこの時間が重要である。アニュアルホロスコープチャートは、ソーラーリターンチャートとしても知られている。

太陽の周期

1恒星年は365日6時間9分10秒からなることが知られている。このことは一定の期間の後、太陽は星座のもともとの経度に戻ることを意味する。もし出生図の持ち主の誕生時間に上記の期間を加えるならば、太陽がもともとの経度に戻る翌年の時間となる。毎年同じ時間を加えるならば、出生図の持ち主の人生に継続的にソーラーリターンの瞬間のチャートを得ることができる。ソーラーリターンの瞬間は、ヴァルシャプラヴェシャとも呼ばれる。ヴァルシャプラヴェシャを投げかけられるホロスコープはアニュアルチャート或いはヴァルシャクンダリと呼ばれる出生図の持ち主の人生の特定年の状況を導き出す。

もし恒星年（365日6時間9分10秒）の時間から完結した（52）週を引くならば、残りは1日6時間9分10秒となる。これが出生図の持ち主の出生の週に加えられるならば、ソーラーリターンが起こる翌年の週日を得ることができる。即ち出生日や時間に加えられたこの数字の倍数は人生の特定の年であるソーラーリターン、或いはヴァルプラヴェシャの週日を得るのに役立つ。1日6時間9分10秒のこの数値が1年の定数でありドゥルヴァンカと呼ばれる。

1年に対するドゥルヴァンカが出生の日時に加えられる時、それは2年目

のヴァルシャプラヴェシャを生じる。２年に対するドゥルヴァンカが代わりに加えられる時、それは３年目のヴァルシャプラヴェシャを生じる。こうして人生の完結年の数に対してドゥルヴァンガは、出生の日時が加えられる時、人生の引き続いて起こるヴァルシャプラヴェシャを生じる。一般的に、上記で得られたヴァルシャプラヴェシャの週日が出生図の持ち主の暦年の出生日に入る、或いは実際の出生日の前後に入る。

　上記で行われた週日に投げかけられるホロスコープは、出生者の出生日の周辺に入る時、アニュアルチャートを生じる。

アニュアルチャート（Annual Chart）の読み方

　アニュアルチャートは以下のステップを踏んで作成する。

1　出生データの詳細を記述する。
　　名前、出生時間、生年月日、出生地と出生日

2　本人の出生図を読むのに必要とされるダシャーを作成する。特にアニュアルチャートが考慮される年のダシャー、アンタラダシャー、プラアンタラダシャーを作成する。

3　アニュアルチャートが作成される予定の特定の暦年を決定する。これが適用年として考慮される。

4　現時点の適用年から出生年を引いて人生の完結年を見つける。

5　ウィークデイ（日曜日を０、月曜日を１……とみなす）に対して出生時間の完結年のドゥルヴァンカ（表25-1を参照）を加える。これがヴァルシャハラを作る。

6　上記の獲得したヴァルシャハラに通常のやり方でホロスコープ（アセンダント、惑星等）を読む。これが適用年のホロスコープである。

【注記】
　上記のヴァルシャハラが獲得された時、太陽の経度が出生太陽の経度と２～３分違うかもしれない。この違いは惑星による太陽の経度の乱れによるものであるが、無視してよい。

表25-1 | 出生時間の完結年のドゥルヴァンカ

完結年	ドゥルヴァンカ				完結年	ドゥルヴァンカ			
	日	時間	分	秒		日	時間	分	秒
1	1	6	9	10	20	4	3	3	14
2	2	12	18	19	25	3	9	49	3
3	3	18	27	29	30	2	16	34	52
4	5	0	36	39	35	1	23	20	40
5	6	6	45	49	40	1	6	6	29
6	0	12	54	58	45	0	12	52	17
7	1	19	4	8	50	6	19	38	6
8	3	1	13	18	55	6	2	23	55
9	4	7	22	27	60	5	9	9	43
10	5	13	31	37	65	4	15	55	32
11	6	19	40	47	70	3	22	41	20
12	1	1	49	57	75	3	5	27	9
13	2	7	59	6	80	2	12	12	58
14	3	14	8	16	90	1	1	44	35
15	4	20	17	26	100	6	15	16	12

 実例

1993年2月に始まる年のアニュアルチャート、1957年2月14日午前10時25分（IST）

デリーにおいて（緯度28° N39′；経度077° E13′）

1．完結年： 1993－1957＝36年
   この年は出生図の持ち主の37歳の時である。
2．出生日時：4d（即ち、木曜日）10h 25m 0s（IST）
3．36年間のドゥルヴァンカ ＝3d 5h 29m 50s[1]
   この数値は35年に対する1年のためのドゥルヴァンカ（表25-1）を
   加えることによって得られる。
4．ヴァルシャプラヴェシャ

※1　d＝day 日、h＝hour 時間、m＝minute 分、s=second 秒

	d	h	m	s
出生日と時間	4	10	25	0
足す36年間に対するドゥルヴァンカ	3	5	29	50
	7	15	54	50
7についての倍数を除去する	0d	15h	54m	50s

　これが15h 54m 50s（IST）で得られた出生者の持ち主の37歳に対応するヴァルシャプラヴェシャである。1993年に対して、出生者の暦の出生日に最も近い日曜日は彼のもともとの出生日である2月14日である。すなわち、出生者の人生の37年に対するヴァルシャハラはデリーのISTで1993年2月14日日曜日15時54分50秒になる。

5．この時間に対して読まれるチャートは次のようになる。

ラグナ	:	蟹座	3° 54′
太陽	:	水瓶座	1° 59′
月	:	蠍座	11° 52′
火星逆行	:	双子座	14° 55′
水星	:	水瓶座	17° 47′

図25-1│ヴァルシャハラ　1993年2月14日16:05　36完結年

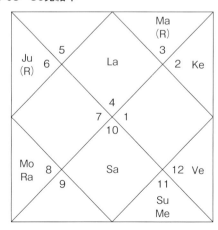

木星（逆行）	：	乙女座	20° 30′
金星	：	魚座	15° 57′
土星	：	山羊座	27° 44′
ラーフ	：	蠍座	25° 22′
ケートゥ	：	牡牛座	25° 22′

 ## ムンタ

アニュアルホロスコープの特徴は、チャートにおけるムンタの位置にある。ムンタは本質的には出生ラグナに対するトランジットである。出生の時ムンタはラグナにある。毎年それは１つの星座ずつ動く。本人が人生２年目の満２歳になったとき、ムンタは出生図の第２室と同じ星座に移動する。満３歳になった時、ムンタはアニュアルチャートの第３室に移動する。12年後にはムンタは出生図のサインのある位置に再び戻る。ムンタの位置は以下のように得られる。

（完結年のナンバー＋出生図のラグナのサイン）÷12

余りが、ムンタが適切なアニュアルチャートに置かれる星座となる。

アニュアルチャートが上記のように計算された場合において、出生図の持ち主のラグナは牡羊座である。彼の場合においては37年目のムンタは以下のように計算される。

36（即ち、完結年）＋１（即ち、牡羊座）が12で割られて、37÷12となり、１が余りとなる。ムンタは最初のサインである牡羊座にくる。

アニュアルチャートにおいて、牡羊座は第10室にくる。ムンタはアニュアルチャートの第10室に置かれる。ムンタは第９、10、11室で特に幸運である。第12、３、５室において、出生図の持ち主の個人的努力を通じて、その年の間に良い結果をもたらす。ムンタはアニュアルチャートの第４、６、７、８、12室にある時不運である。ムンタの支配星（ムンタが位置してい

る星座の支配星）は不運な結果となる。それ以外は良い結果となる。

アニュアルチャートの他に見られる特別な特徴

アニュアルチャートは出生図と比べると、いくつかの明確な特徴がある。
これらは以下に簡潔に述べる。

1. 惑星のアスペクトとの関係

　　これらはアニュアルチャートにおいて3つのアスペクトのタイプがあ
る。

　(a)　友好関係

　　　お互いの惑星からみて、お互いに第3、5、9、11室に置かれた
惑星の関係は友好である。

　(b)　敵対関係

　　　お互いの惑星から見て、第1（コンジャンクション）、4、7（オ
ポジション）、そして10室に置かれている惑星の関係は敵対である。

　(c)　中立関係或いはアスペクトなし

　　　お互いに、第2、6、8そして12室に置かれている惑星の関係は
中立である。

　　上記のアスペクト次第で、惑星はお互いに友好、中立、敵対となる。

2. ダシャー

　　アニュアルチャートで用いられるいくつかのダシャーシステムがある。
これらに関しては、ヴィムショッタリ・ムッダ・ダシャー（ネイタルチ
ャートのヴィムショッタリ・ダシャーに相当する）、ヨーギニダシャー
（ネイタルチャートのヨーギニ・ダシャーに相当する）がポピュラーで
ある。これらのダシャーの自然のサイクル（ヴィムショッタリなら120
年、ヨーギニーなら36年）は、それらをアニュアルチャートの場合、
1年間で適用させるためにそれぞれ1年の期間に圧縮される。

3. 年の支配星

「ヴァルシェーシャ」として知られる年の支配星は、アニュアルチャートの標準的な規則に従い、惑星の中から選択される。ヴァルシェーシャは一般的な関係性やアスペクトによってラグナに影響を与える最も強い惑星である。

　ヴァルシャハラのシステムは惑星の強さを決定する洗練された方法をもつ。様々な結果は惑星固有の強さに応じたアニュアルチャートから生じる

4．ヨガ

　アニュアルホロスコープでは16の異なるヨガを採用している。アニュアルチャートからのすべての主要な予測は主にいろいろなタジカヨガの理解と応用の基礎の上に立っている。これらの中で重要なのは惑星の実際の度数、惑星の相対的な動き、相互のアスペクトの有無と同様にそれらのオーブによる影響を使用していることである。

5．シャーム

　別の重要なヴァルシャハラの特徴は「シャーム」の決定である。シャームは惑星の度数とハウスカスプ（例えば、アセンダント）の操作によって得られる数学的な地点である。兄弟、母親、父親、子供、教育、結婚、病気、旅行、職業、ビジネス、死のような人間の、それぞれの個々の要素に対してシャームがある。シャームはそれらの強さ、弱さ、配置に応じた結果を生じる。

 # アニュアルチャートの解釈の道筋

　アニュアルチャートは出生図と一緒に結びつけて判断されなければならないことを、最初に強調しなければならない。アニュアルチャートの中で確認されることは出生図の約束事にほかならない。アニュアルチャートは出生図が約束しないことを示すことはない。アニュアルチャートは出生図によって示される出来事のより包括的な視点をもつために用いられる。

1．出生図のラグナの位置

　　出生図のラグナが位置する星座はアニュアルチャートにおける配置に対して観察しなければならない。アニュアルチャートにおいて出生図のラグナがあるハウスが活性化される。

2．ヴァルシャラグナと出生図のラグナ

　　アニュアルチャートにおいてラグナになる出生図のハウスも活性化される。

3．ドゥイジャンマの年

　　出生図のラグナがアニュアルチャートで再現する年は特別の意味をもつ。このような年はドゥイジャンマの年と呼ばれ、特に敵対的になる。それは以下のような表示が不吉なものとなる。

　　(a)　アニュアルチャートのラグナのカスプが出生図のラグナのカスプの1度以内にある。

　　或いは、

　　(b)　出生図のナクシャトラがアニュアルチャートでも再現する（例えば、出生図の月及び出生図のナクシャトラが同じである）。

　　(c)　月と木星がアニュアルチャートにおいて、それぞれ第6室と第8室にある。

　　ドゥイジャンマの年の凶星の影響は、以下のような時に緩和される。

　　(a)　アニュアルチャートのアセンダントのカスプが出生図のカスプから遠く離れている。

　　或いは、

　　(b)　ラグナロード、ムンタロードとその年のロードがたまたま強い。

　　或いは、

　　(c)　月と木星の両方が強く良い位置にある。

　　或いは、

　　(d)　生来的吉星がケンドラ、トリコーナにあり、生来的凶星が第3、6、11室に位置する。

4．第6室と第8室の重要性

　　出生図の第6室或いは第8室と同一の星座がアニュアルチャートのア

センダントになる時、それは不吉である。特に健康にとって悪い。

5．アニュアルチャートにおける出生ラグナの支配星

　　アニュアルチャートの出生ラグナの支配星の良い位置はよい年であることを確実なものにする。悪い位置はその逆となる。

6．出生図における凶星

　　出生図のケンドラに在住している凶星がアニュアルチャートのラグナに在住していると悪い結果を招く。このような状況の吉星は良い結果をもたらす。

7．収入と損失

　　第2室に凶星があり、特にラグナが活動星座にあるとお金の損失をもたらす。第11室にある弱い惑星は富の損失を招く。

8．子供

　　第5室或いは第11室に在住する「年の支配星」としての木星はその年の子供の出生となる。たまたまアニュアルチャートでラグナになる、ネイタルチャートの木星が在住する星座は出生図のよいダシャーにおける子供の誕生を約束する。

　　第5室において強いラグナの支配星と第5室の支配星が一緒の時は子供が生まれる。第5室における逆行の火星は子供にとって良くない。

9．病気と健康

　　当該する年の間の健康に悪い組み合わせは、すでに述べたものに加えて以下のようである。

　　(a)　ラグナから12番目の順行の凶星、第2室における逆行の凶星。

　　(b)　出生図において土星が在住する星座がたまたまアニュアルチャートのラグナになり土星の不吉なアスペクトがある。

　　(c)　第12室に順行の凶星をもち、そして第2室逆行する凶星をもつアニュアルチャートのラグナロード。

　　(d)　第8室に火星と絡んだ年の支配星の配置。

　　(e)　アニュアルチャートの第8室にある出生ラグナの凶星。

　　(f)　アニュアルチャートの第8室にあるコンバストされた出生ラグナの支配星。

⒢　第10室で傷ついた火星或いは土星。

10．結婚

　　　第7室の支配星とラグナの支配星の絡み、或いは火星とともにある金星の関わり、もし同じイベントがラーシチャートにおいても示されているならば、タジカヨガにおいて結婚を示す。アニュアルチャートの第7室において、強い第5室の支配星の配置は同様の結果を示す。

11．職業

　　　アニュアルチャートの第10室において、太陽の配置は職業の関連において高い幸運の要素を示す。もし太陽が強ければ、それは失われた社会的地位を回復に導く。第11室における強い太陽は王の支持の約束をとりつける。一般に凶星が第10室にある時、特に強くかつ吉星の影響下にある時、良い結果を生む。

12．出生図とアニュアルチャートの相対的な重要性

　　　出生図は必ずアニュアルチャートに優先する。アニュアルチャートは出生者の人生の与えられた年を前後にまたがり、非常に優れたトランジットチャートとして振る舞う。出生図の範囲内にとどまるけれども、それはより出生図が示すものを明白にいきいきと説明する。

　　アニュアルチャートのより洗練された説明のためには、読者は拙著『A Textbook of Varshaphala（仮題：ヴァルシャラ教科書、日本語版未刊行）』を参照されたい。

26

ムフルタ或いは
吉日選定の占星術

人は行為を企てずして、
行為の超越に達することはない。
また単なる(行為の)放擲のみによって、
成就に達することはない。

「バガヴァバッド・ギータ第3章4」(上村勝彦訳　岩波文庫)より

　ムフルタという言葉は、時間の瞬間或いは2ガチ(48分間)の時間を意味する。占星術において、ムフルタはより不適切な瞬間を避けながら、目的達成のためにもっとも適切な瞬間を選定することを行う。

時間の重要性

　すべての占星術は時間を基礎においている。特定の時間でのラグナと惑星の配置は出生図の人の人生に影響するすべてを決定する。個人の出生時間がそうであるように、すべての仕事や行動は出生時間をもつ。仕事が始められた瞬間に作られたホロスコープの型は、出生図がその人の人生の間に起ったいろいろの出来事をまさに示すように、仕事を達成している間の出来事の展開を示す。人は一般的に行動を起こす瞬間をコントロールするので、行動す

る際もっとも適切な瞬間を選択することが適切である。このやり方において、人が仕事の達成に際して出会う困難は避けられるか或いは緩和されるはずである。

　つまり、ムフルタはこのように占星術の実際的な応用の側面である。インドにおいて占星術のこの側面は、日々の生活に深く浸透している。下層階級や文盲の村人でさえもが、　彼らの日々の生活追求において、旅行、結婚、家屋建築、新居への移転、種蒔きや収穫物の刈取り、井戸堀や池掘り、子供の命名或いは洗礼名の命名、帰宅、友達や親戚等に会うか別れの決定、王が戦争や征服でそれを利用する、今日、教育ある人は仕事を始めたりやめたり、仕事の求職申込書を送ったり、選挙の推薦を登録したり、公式に宣誓したり、乗り物を調達したり、新居に引っ越したり等のための適切な瞬間を選択する時この知識を用いる。人々は最近、帝王切開で子供を誕生させる時間を選ぶ際にこの知識を用いた。このようにムフルタは、インドの日々の生活において広く使用されていることがわかる。輸入された学問やヴェーダ文化に生来的に無知で卑屈な新しいタイプの科学者は、この実際的で光り輝く占星術の応用分野を信じることを迷信と思っている。

 ## 最善のムフルタを選択することの難しさ

　与えられたホロスコープがすべての可能な観点において完全と考えられることはないと認識しなければならない。達成可能な最善の惑星配置でも傷はもつだろう。同様に、事業を始めるために選んだ最善最大のよい瞬間でもすべての見地からみて、完全ということはない。

　適切なムフルタの選択は、獲得できる最善の瞬間を選択することを目的としている。現代では人は自由意志の十分な時間をもたない。余裕のない旅行を企画したり、決められた期間の中で仕事に加わらなければならない。或いは子宮の中にいる子供は、生まれようとしているのだが、帝王切開をどのように計画するかの範囲内で、限られた時間の枠組みだけが与えられる。このような状況下で、目的に最もふさわしい時間が選ばれるはずである。

強調する原則

　ムフルタは占星術の予言的側面にも適用できる同じ基本的な原則を用いる。しかしながら、パンチャンガ或いはインド暦の５つの分野を構成しているある特別の領域に重点が置かれる。これらの５つの要素はその他のところですでに示唆されているが、ティティ、ヴァーラ、ナクシャトラ、ヨガ、カラーナからなっている。パンチャンガは占星術が実際的な使い方を見出すインド的生活様式に特に適合する。

　インド占星術において太陽と月の重要性は強調されすぎることはない。パンチャンガの５つの構成はこれらの２つのルミナリーの配置次第である。ムフルタは行動を始める時間に上昇するラグナを（ナヴァムシャにおいてさえも）有効に役立てる。それは個人の出生図ではたらくアシュカヴァルガと結びつけられた時、最善の結果は個別的にはたらく。

　ムフルタはこの著書の範囲を超えた非常に徹底した取扱いを要求する巨大な分野である。ここでは占星術の分野の非常に基本的概念のみを述べる。詳細な情報については、K. K. ジョーシによるムフルタの本（例えば、『Muhuruta: Traditional & Modern』）等を参考としてほしい。

ティティ或いは月の周期

　15のティティは、シュクラパクシャ或いは月の周期の明るい前半部分を構成する。その他の15のティティはクリシュナパクシャ或いは月の周期の暗い後半部分を構成する。

　これらのティティは１から30まで数えられる。或いはそれらはシュクラパクシャに対しては１から15まで（プラティパーダからプールニーマまで）数えられる。そしてクリシュナパクシャに対しては、１から14まで（プラティパーダからチャトルダーシまで）と30（アマヴァーシャ）まで数えられる。

　ティティはムフルタにおいて非常に重要である。すべてのヒンズーの祭礼はティティに従って行われる。誕生日さえもがティティに応じて祝福される。

ティティの5つのサブ分割

　ティティは5つのサブグループに分類される。

(a)　ナンダ　　　　　ティティ1、6、そして　11

(b)　バードラ　　　　ティティ2、7、そして　12

(c)　ジャーヴァ　　　ティティ3、8、そして　13

(d)　リクタ　　　　　ティティ4、9、そして　14

(e)　プールナ　　　　ティティ5、10、15　そして　30

　一般的に、クリシュナパクシャの1から5までとシュクラパクシャの10から15は吉であり、両方のパクシャにおいて10から15までのパクシャは平均である。クリシュナパクシャの10から15まで（10から14まで、そして30）、そしてシュクラパクシャの1から5は不吉である。これは月が太陽に接近するためにアマヴァーシャー（新月）の片側の5日間は比較的弱い。同様に、プルニーマ（満月）の片側の5日間は強い。

ティティに対して規定された行動

1．プラティパダ（ティティ1）：執筆、描写、農業、アルコールの抽出、伐採、彫刻、寝床或いは座席、結婚のような祝事を避ける。

2．ドゥイティジャ（ティティ2）：結婚、旅行、王室の義務、ハウス建築、宝飾品の獲得。

3．トゥリティジャ（ティティ3）：彫刻、牛や象等に関わる取引、水上での旅行、幼児に食べさせる、新居に入る、そして上記のトゥリティジャで述べられる他の吉意の追跡。

4．チャトゥルティ、ナヴァミ、チャトゥルダシ（ティティ4、9、14のリクタグループ）：残酷な行為、マントラ研究、抑留、火と毒と武器の使用、傷や死の原因、敵の殺傷、すべての慶事の行為を避ける。

5．パンチャミ（ティティ5）：乗り物、結婚、惑星の和解、すべての慶

事の行為、借金を避ける。

6．シャスティ（ティティ6）：売買、牛と土地の取引、戦争関連の行動、装飾品と衣類、住宅建設。

7．シャプタミ（ティティ7）：旅行、乗り物、王への奉仕、結婚、住宅建設。

8．アシュタミ（ティティ8）：戦争関連の行動、住宅建設、彫刻、農耕と農業、執筆、掘削、水回りの仕事、装飾品。

9．ダシャミ（ティティ10）：寺院での崇拝、旅行、結婚とティティ2、3、5と7で述べられたすべての行為。

10．エカダシ（ティティ11）：宗教的行為、祭り、住宅建設、彫刻、農業、結婚、ダンス、戦争関連の行動。

11．ドゥヴァダシ（ティティ12）：すべてのチャラとスティラ（変化志向と安定志向）の追求、宗教的吉事の行為。

12．トゥラヤダシ（ティティ13）：結婚、火に関わる儀式、旅行、すべての吉事の行動。

13．プールニーマ（ティティ15：満月）：生贄の儀式（ヤジュナス）、戦争関連の行為、住宅建設、結婚、彫刻、装飾品。

14．アーマヴァーシャ（ティティ30：新月）：ピトラス（マネス）[※1]に関わる儀式。

ティティのサブ分割のために処方された行動

(a) ナンダ：ダンス、音楽、農業、祭り、家屋建築、衣料品、装飾品、彫刻。

(b) バドラ：結婚、聖紐式、旅行、装飾品、彫刻、芸術性の追求、乗り物。

(c) ジャーヤ：戦争関連の遂行、家屋建築、投薬、農業、武器に関わる仕事等。

(d) リクタ：上記で既に述べた。

(e) プールナ：聖紐式、結婚、旅行、惑星の和解、王座への着座。

※1　マネス：亡くなった愛する人の魂。

ヴァーラ或いは曜日

　週の7日の日々はそれらの支配星として太陽から土星までの7つの惑星を
もつ。特別の仕事が7日の間に定められている。

(a)　日曜日：戴冠式、祝祭、火に関わる儀式、医療の開始、武器の作成、
　　　旅行、牛の飼育、戦い、木・羊毛・金・銅に関わる仕事。

(b)　月曜日：銀・真珠・装飾品・貴金属に関わる仕事、性的耽溺、植樹、
　　　水に関わる行為、農業の仕事、食物、花、歌と音楽、乳と煉乳、ヤジュ
　　　ナス等。

(c)　火曜日：残酷な行為、泥棒、殺生、火・武器・毒に関わる仕事、外科
　　　手術、傲慢、投獄、珊瑚、宝物等。

(d)　水曜日：ダンス、彫刻、音楽、文筆、編集、学習、結婚、戦争時等。

(e)　木曜日：宗教的行為、滋養、善行、家屋建築、乗り物の獲得、旅行、
　　　投薬、装飾品を身に着ける、植林、葡萄の刈り入れ。

(f)　金曜日：ダンス、音楽、性的享楽、装飾、土地取引、ベッドの作成と
　　　装飾、衣服、買い物、お祭り等。

(g)　土曜日：家屋建築、新居への移動、精神的儀式、武器、毒、貯蔵物、
　　　罪ある行為、奴隷、長く努力を継続する行為等。

時間の使用

　特定の日のために何が処方されようとも、その日の支配星と関連する時間
も追求される。

曜日と旅行

　特定の曜日において特定方向への旅行は避けるべきである。これは以下に
示される。

避けるべき方向	曜日
1. 東	月曜日、土曜日
2. 南	木曜日
3. 西	金曜日、日曜日
4. 北	火曜日、水曜日

ティティとヴァーラのコンビネーション

ティティとヴァーラ（曜日）のコンビネーションは、以下のタイプのティティを生じる。

(a) シッダティティ：金曜日のナンダ（1、6、11）、水曜日のバドラ（2、7、12）、火曜日のジャヤ（3、8、13）、土曜日のリクタ（4、9、14）、木曜日のプールナ（5、10、15）は吉であるが、選択が行われた瞬間において他の傷が存在する時は考慮するかもしれない。

(b) ダグダティティ：日曜日のナンダ、月曜日のバドラ、火曜日のナンダ、水曜日のジャーヤ、木曜日のリクタ、金曜日のバドラ、土曜日のプールナは不吉である。

(c) クラカチャティティ（ヴァーラ–ダグダ）：合計13になるティティとヴァーラの組み合わせは不吉と考えられる。即ち、日曜日（最初の日）とドゥバダシ（12番目のティティ）が共にある時は悪い。同様に、月曜日（2番目の日）とエカダシ（11番目の日）、火曜日と10番目のティティ、水曜日と9番目のティティ、木曜日と8番目のティティ、金曜日と7番目のティティ、土曜日と6番目のティティが一致する時は不吉である。

ナクシャトラ或いは星宿

　27ナクシャトラは、エレクション占星術において必須のものであるパンチャンガの他の重要な部分を構成する。ナクシャトラへの適切ないろいろな性質やアスペクトを以下に述べる。

1. アシュヴィニー：衣装、聖紐、髭剃り、乗車、農業、研究、婦人との取引
2. バラニー：井戸や池を掘る、毒、武器、洞穴に入る、数学、残酷な行為
3. クリティカー：火に関連する行動、武器、戦争、薬物、停戦、残酷な行為
4. ローヒニー：すべての安定した行為（スティラカルマ）、結婚、衣服、装飾品、馬と象、住宅建設
5. ムリガシラー：家屋建築、旅行、象、馬、駱駝、結婚、装飾品
6. アールドラ：旗、戦争、砦、兵器、武器操作技術、停戦、弓
7. プナルヴァス：住宅建設、髭剃り、武器取引、装飾品、退出、乗物
8. プシャヤー：結婚以外のすべての幸運な行動に適している特別のナクシャトラである
9. アシュヴィニー：賭け事、卑しい行動、嘘、喧嘩、薬物、ビジネス
10. マガー：農業、ビジネス、牛、戦い、貯蔵、歌、ダンス
11. 3つのプールヴァ（プールヴァパールグニー、P. アーシャダー、P. パードラパダ、ナクシャトラナンバー11、20そして25）：喧嘩、毒物、武器、火事、闘争、残酷な行為、肉の販売
12. 3つのウッタラ（ウッタラパールグニー、ウッタラアーシャダー、ウッタラパードラパダ；ナクシャトラナンバー12、21そして26）：戴冠式、住宅建設、結婚、聖紐、物事の開始
13. ハスタ：結婚、乗り物、家屋建設、衣服、装飾品、髭剃り、戴冠式
14. チトラ：物事の開始、衣服、聖紐、家屋建設、装飾品

15．スワティ：結婚、衣服、装飾品、不賛成、農業、髭剃り、物事の開始、聖紐式

16．ヴィシャカー：衣服、装飾品、貯蔵、歌、ダンス、彫刻、文筆

17．アヌラーダー：物事の開始、結婚、衣服、装飾品、住宅建設、停戦、不一致、吉事の行為

18．ジェーシター：髭剃り、武器、ビジネス、牛、水、音楽、彫刻、文筆

19．ムーラ：結婚、農業、ビジネス、残酷な行為、戦い、薬物、ダンス、彫刻、武器、文筆

20．シュラヴァナー（ナクシャトラ22）：髭剃り、乗車、聖紐式[※2]、薬物、旅行、家に入居、古い家の修復

21．ダニシュター（ナクシャトラ23）：聖紐式、薬物、家屋建設、新しい家に入居、装飾品、乗車

22．シャタビシャー（ナクシャトラ24）：新しい家に入居、髭剃り、薬物、乗車、住宅建設

23．レヴァティ（ナクシャトラ27）：結婚、装飾品、衣服、乗車、参入、髭剃り、薬物

ナクシャトラの性質

ナクシャトラは下記のいくつかのカテゴリーに分類される。

1．ドゥルヴァ（スティラ）或いは固定化

　　ローヒニー、3つのウッタラ（ナクシャトラ4、12、21、26）、そして日曜日

　　これらのナクシャトラは、種蒔き、平和の追求や上記の基礎のムルディに定められている行動にふさわしい。

　　ここでの意図は永続する結果を達成することである。

※2　聖紐式：聖なる紐を授けられるブラーミンの男子のみの儀式。

2．チャラ或いは動的な

　　プナルヴァス、スワティ、シュラヴァナー、ダニシュター、シャタビシャー（ナクシャトラ7、15、22、23、24）、そして月曜日。

　　これらは乗車、旅行、及びラグーに定められた行動にふさわしい。

3．クルラ或いは残酷な

　　バラニー、マガー、3つのプールヴァ（ナクシャトラ2、10、11、20、25）、そして火曜日

　　殺生にふさわしい、武器の取り扱い、毒、火に関連する仕事、残酷さ、及びティクシャに定められた行動にふさわしい。

4．ミシュラ或いは平凡な

　　クリティカー、ヴィシャカー（ナクシャトラ3、16）、そして水曜日。

　　火の儀式にふさわしい、混合した性質の追求、及びクルナで定められた行動にふさわしい。

5．クシィプラ（ラグー）或いは俊敏さ

　　アシュビニー、プーシャヤ、ハスタ、アビジット（ナクシャトラ1、8、13そして22、アビジットが考慮されるとき全体のナクシャトラの数は28になる）、そして木曜日

　　買い物のような行動、性行為、経典の学習、装飾品、彫刻、ダンス、芸術の追求、動的なもの、処方、及びチャラで定められた行動にふさわしい。

6．ムルディ（マイトラ）或いは親しみ

　　ムリガシラー、チトラ、アヌラーダー、レヴァティ（ナクシャトラ5、14、17そして27）、そして金曜日

　　歌に向いている、衣服、性的享楽、友好的行為、装飾品、及びドゥールヴァで定められた行動にふさわしい。

7．テクシャナ（ダルナ）或いは積極的な

　　アールドラ、アーシュレーシャ、ジェイシター、ムーラ（ナクシャトラ6、9、18そして19）、そして土曜日

　　魔術、殺人、侵攻、動物の飼育、及びクルラで定められた行動にふさわしい。

ナクシャトラの方角

ナクシャトラは、彼らが面する方向に応じて次の3つのカテゴリーがある。

1．アドムカ（下方に面している）：バラニー、クリティカー、アーシュレーシャ、マガー、ムーラ、ヴィシュカーと3つのプールヴァス（クルナとミシュラのナクシャトラ）

　　井戸掘り、地面での作業、戦い、残酷な行為にふさわしい

2．ウルドゥヴァームカ（上方に面している）：ローヒニー、アールドラ、プシャヤー、シュラヴァナー、ダニシュター、シャタビシャーと3つのウッタラ（アールトラ、プシャヤー、シュラヴァナー、ダニシュター、シャタビシャーとドゥルヴァナクシャトラ）

　　戴冠式によい、高層ビルディング、旗をたてる、及び乗車にふさわしい

3．ティリャンムカ（前方に面している）：アシュヴィニー、ムリガシラー、プナルヴァス、ハスタ、チトラ、スワティ、アヌラーダー、ジェーシター、そしてレヴァティ（即ち、アシュヴィニー、プナルヴァス、ハスタ、スワティ、レヴァティ、ジェーシターそして、ムルディのナクシャトラ）

　　旅行・耕作・植林・乗り物・ビジネス・牛の扱いにふさわしい日

 パンチャカ

　　ナクシャトラのダニシュターの第2半分からレヴァティの最後まで拡がるナクシャトラの特別の範疇である。これは水瓶座と魚座の星座における月の位置と偶然一致する。パンチャカの間中、死者を火葬にする行為、南への旅行、あばら家の製作、草木の蓄積、かやぶき屋根の製造は禁じられている。

ナクシャトラを含むいくつかの重要なコンビネーション

特別の日に特別のナクシャトラが以下のコンビネーションを生み出す。

1. シッダヨガ：日曜日のムーラ、月曜日とシュラバナ、火曜日とウッタラパードラパダ、水曜日とクリティカー、木曜日とプナルヴァス、金曜日とプールヴァパールグニー、土曜日とスワティがこれを生み出す。この組み合わせはすべての行為にとってよい。

2. アムリタ・シッディ・ヨガ：日曜日から始めて7番目の日にあたるハスタ、シュラバナ、アシュヴィニ、アヌラーダ、プシャヤー、レヴァティ、そしてローヒニは、このヨガを生じる。それは達成を確実にする。

3. サルヴァルタ・シッディ・ヨガ：アシュヴィニ、プシャヤー、ハスタ、ムーラと3つのウッタラと一致する日曜日、ローヒニ、ムリガシラ、プシャヤ、アヌラーダ、シュラヴァナーと一致する月曜日、アシュヴィニ、クリティカー、アーシュレーシャ、ウッタラバードラパダと一致する火曜日、クリティカ、ローヒニ、ムリガシラ、ハスタ、アヌラーダと一致する水曜日、アシュヴィニ、プナルヴァス、プシュヤ、アヌラーダ、レヴァティと一致する木曜日、アシュヴィニ、プナルヴァス、アヌラーダ、シュラヴァナ、レヴァティと一致する金曜日、ローヒニ、スワティ、シュラヴァナと一致する土曜日

   これらのコンビネーションはすべての行為にとってよい。

4. ムリュティ・ヨガ：日曜日からの7日間、それぞれ個別にあるアヌラーダ、ウッタラアーシャダ、シャタビシャ、アシュヴィニ、ムリガシラ、アーシュレーシャ、ハスタは先立ってこのヨガを生み出す。それは敵対的コンビネーションであり、特に旅行を避けなければならない。

◉ ターラ

　誕生のナクシャトラから特定の日のナクシャトラを数える。そして9で割る。結果が、(1)ジャンマ、(2)サムパタ、(3)ヴィパット、(4)クシュマ、(5)プラチャリ、(6)サダカ、(7)ヴァーダ、(8)マイトラ、(9)アティ・マイトラ、残りの数が1〜0までそれぞれに対応している。

　ターラ12、4、6、8と9は吉であり、3、5、7は凶である。ターラは黒分の間中、そして月は白分の間中は考慮されなければならない。

◉ ヨーガ

　27ヨーガ[※3]はすべてのよい計画が許される吉の時か、すべての重要な行動を避けるべき不吉の時がある。

　ヴァティパータとヴァイドゥリティ（ヨガ17と27）は完全に避けなければならない。

　パリガヨガ（ヨガ19）に関して、最初の半分はすべての行動は避けるべきである。

　ヴィシュクンバとヴァジュラ（ヨガ1と15）については、最初の3ガティ（1時間12分）を避けるべきである。

　アティガンダとガンダ（ヨガ6と10）については、最初の6ガティ（2時間24分）を避けるべきである。

※3　ここでいうヨガは惑星やハウスの組み合わせによって形成されるヨガとは異なる。太陽と月の相対的な位置関係から導かれるものである。

カラーナ

バドラ

ヴィシュカラーナはバドラと呼ばれる。これは以下のことと一致する。

(a) シュクラパクシャの前半のティティ8と15
(b) シュクラパクシャの後半のティティ4と11
(c) クリシュナパクシャの前半のティティ7と14
(d) シュクラパクシャの後半のティティ3と10

バドラは一般的にすべての幸運を追求する行動を避けなければならない。

スティラカラナス

固定化された4つのカラーナ[4]が特別の適用がなされる。

(a) キンストゥグナ：すべての幸運の行動にふさわしい
(b) シャクニ：薬物と惑星の和解のためによい
(c) チャトゥシパダ：牛、ブラーミン、王、父親に関わる全ての行動によい
(d) ナーガ：好意ある行動、研究、戦争にとってよい

ラグナ

ムフルタにおいて、ラグナは非常に重要である。適切な目的のために、適切なラグナを確認すべきである。一般的に、ケンドラとトリコーナは吉星によって占められなければならない。一方で凶星は第3、6、11室に在住すべきである。異なるラグナに対する特別の行動は手短に言えば以下のように記される。

※4　ティティの半分の長さで11のカラーナがある。

1．牡羊座：乗車、停戦、不和、宝、装飾品、戦争

2．牡牛座：吉兆の行動、永続する性質の仕事、新居への入居、農業、牛、ビジネス

3．双子座：芸術、科学、学習、達成、戦争、結婚、逃亡を求める、戴冠式、象の売買

4．蟹座：池、湖、井戸、運河、橋、栄養、文筆

5．獅子座：ビジネス、よき穀物、店、農業、勇敢な行為、戦い、王室の行動

6．乙女座：学習、彫刻、医薬、装飾品、慶事での行為

7．天秤座：農業、ビジネス、乗り物、結婚、牛、道具

8．蠍座：永続する事柄の行為、王への奉仕、戴冠式、泥棒

9．射手座：抑制、結婚、彫刻、武器、固定された事柄の行為

10．山羊座：橋、運河、武器、出口、牛、奉仕

11．水瓶座：農業、貿易、彫刻、水に関わる仕事、水上旅行、武器

12．魚座：結婚、戴冠式、物事の開始、装飾品、貯水池

【注記】

ラグナを考慮する一方で、適切なナヴァムシャラグナもまた考慮されなければならない。

 ガンダーンタ

　ガンダーンタは接合部分の領域であり、凶と考えられる。ガンダーンタで生まれた子供は身体的苦しみにさらされる。ガンダーンタの間に行われる結婚や他の慶事は災難に終わることがありうる。ガンダーンタには次のタイプがある。

(a) ナクシャトラガンダーンタ：ケートゥと水星のナクシャトラ（アシュヴィニー、アーシュレーシャ、マガー、ジェーシター、ムーラ、レヴァティ）がナクシャトラガンダーンタを構成する。

(b)　ラグナガンダーンタ：蟹座、蠍座、魚座の各ラグナの後半のガティ（12分）と牡羊座、獅子座、射手座の各ラグナの前半のガティがラグナガンダーンタを構成する。

(c)　ティティガンダーンタ：プールナ（ティティ5、10、15/30）の後半のガティ（24分）とナンダ（ティティ1、6、11）の最初のガティがティティガンダーンタを構成する。

アビジットムフルタ

地方時正午か地方時真夜中の1ガティ（24分）はアジビットムフルタと呼ばれる。この時間は物事を始めるのによい。適切なムフルタが得られない時に考慮されなければならない。

ムフルタにおけるアシュタカヴァルガ

個々の結果において、出生者のアシュタカヴァルガ（15章を参照）は適切なムフルタを行うために考慮されなければならない。この単純な方法は出生図の持ち主に要求される行動がどれに属するか適切なハウスを決めることである。適切なハウスがサルヴァアシュタカヴァルガにおいて強いかどうかを選択するべきである。例えば、乗り物を買うことを望む人なら、第4室を見るべきである。サルヴァアシュタカヴァルガにおいて第4室が最大の得点を得るラグナを選択する。同様に、教育に対しては強い第5室を、パートナーシップに対しては強い第7室を、仕事に対しては強い第10室を選ぶ等々である。

【注記】
　古典的なムフルタは古代インド人の生活に特に理解されていたと思われる。もしムフルタが現代の文脈で応用されるならば適切にアレンジすることが必要となる。

結婚の相性：
伝統的方法

> 私にとって大ブラーフマンは胎である。
>
> 私はそこに胎子（種子）を置く。
>
> それから万物の誕生が実現する。
>
> 「バガヴァット・ギータ第14章3」（上村勝彦訳　岩波文庫）より

　結婚はインドにおいては人間の聖なる義務と考えられてきた。それは2人の異なる個人の間の親密な関係を含む。インドにおいて、伝統的な人々の間では一般的に、結婚の行動に関わる2人の個人はお互いに見知らぬ人であり、彼らの結びつきはしばしば両親によって取り決められる。最近はいくぶんか変化が見られ、特に都市部の大衆では顕著である。その結果、結婚するカップルは結婚生活に入る前にお互いに出会い、しばしば選ぶことがある。

　古代インド社会での2人の見知らぬ人間の結婚のあり方は、占星術予言者が正しいパートナーを選ぶために占星術的方法を工夫した。これは結婚生活でカップルを一緒にさせる前に、将来ある花婿花嫁のホロスコープのマッチングのプロセスも含む。ホロスコープのマッチングの方法は、将来あるパートナーの精神的相性と同様、身体的相性を確認することも目的とする異なる要素がある。伝統的な技法は今日の変化した社会的な環境においては修正されたやり方で適用されることを必要とするが、それらは一般的な意味におい

てなお有効である。

　今日でさえも、90％以上のヒンドゥー教徒が結婚に際して、ホロスコープを合わせていると述べることに一切の誇張はない。実際に、古代インドで出生のホロスコープは結婚、子供、ムフルタにおいて重要なものとされてきた。

個人の選択

　古代の伝統的なインドでさえも、男女は恋におち結婚生活で結ばれた。経典は真の相互の愛に基礎を置いた関係は、カップルのホロスコープに深い相性を必要としないように思われる。

火星の傷つき

　チャートにおける火星の配置は結婚関係を考慮するのに、特別の重要性があると思われる。第１、２、４、７、８そして12室の火星の配置はマンガラドーシャ或いは火星の傷つきと名付けられている。もし火星が女性においてこれらのハウスに位置していたら夫の死の引き金となることによって未亡人となると言われている。男性のチャートにおいて、同様の火星の配置は妻の死の引き金となる。ホロスコープにおける火星の配置は月と同じくラグナからも考慮されると言われている。花嫁と花婿のホロスコープがラグナと月の両方から見てマンガラドーシャでない時、状況は順調であり更なる研究を必要とする。

　火星の傷つきは次の条件によって無効化される。

(a)　男性と女性の両方のホロスコープにおいて傷つきがある時

(b)　あるチャートが他のチャートにおいて上記で述べられたハウスの１つに別の凶星（太陽、土星、ラーフ或いはケートゥ）が配置されると中立化する一方で、火星の傷つきをもつとき

上記から与えられたチャートにおいて、ラグナと月の両方から見て第1、2、4、7、8そして12室に位置する何らかの凶星が、もし婚約者のチャートにおいて等しく火星と同様の配置でないならば、結婚の調和にとってよくない。むしろ、これらのハウスに影響を与える凶星の数は合致しなければならない。時々、治療方法がマンガラドーシャを中立化するために処方されている。

伝統的方法での結婚

8つの異なるクータス（アシュタクータ）或いは結婚の要素は花婿と花嫁の将来のチャートを照合させながら考慮される。これらはカップルのチャートの出生のサインとナクシャトラを基礎としている。

効果において継続的に強く、継続的に増加するグナ（よき性質）を所有すると思われるこれらの8つの要素は、次のようである。

1	ヴァルナ	5	グラハマイトリ
2	ヴァシャー	6	ガナ
3	ターラ	7	バクータ
4	ヨーニ	8	ナディ

1つのグナをもつヴァルナと、ナディが8つのグナを所有するまで、最大限36のグナをもつことが可能であるが、次第に増加するグナの数を所有する継続的なクータスをもって、よき結婚が考慮される。

ホロスコープのペアが24から36のグナを示す時、それは良い相性である。12から24までのグナは普通、12以下は不吉であり一般的には結婚は勧められない。両者のチャートの惑星配置が良好である時、この規則に厳しくこだわることはない。

1. ヴァルナ

それぞれ3つずつ4グループで、12の月の星座が次のように4つのカーストとして示される。

（i）　ブラーミン（教養人）　　星座　　　4、8、12
（ii）　クシャトリア（武人）　　星座　　　1、5、9
（iii）　ヴァイシャ（商人）　　　星座　　　2、6、10
（iv）　シュードラ（奴隷）　　　星座　　　3、7、11

最初のヴァルナのブラーミンは順序において最も優れ、順に劣っていくので、シュードラが最も劣っていることになる。花婿のカーストは花嫁のそれと同じであるべきか花嫁より上であるべきである。これは1グナ或いは1吉ポイントをカップルに獲得させる。

クータは女性がより高い地位に昇るだけである。

表27-1│カーストのマッチングからのグナ

花嫁＼花婿	ブラーミン	クシャトリア	ヴァイシャ	シュードラ
ブラーミン	1	0	0	0
クシャトリア	1	1	0	0
ヴァイシャ	1	1	1	0
シュードラ	1	1	1	1

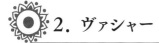

2. ヴァシャー

ヴァシャーという言葉は"制御できる"という意味である。花嫁花婿の月の

星座は、2つの吉ポイントを得るために同じグループにいなければならない。
花嫁の星座は同じ吉ポイントのために花婿のヴァシャーであるべきである。
星座は次のように分類される。

- (i) チャトゥルパダ（四足獣）：牡羊座、牡牛座、獅子座の後半部分、山羊座の前半部分
- (ii) マナヴァチャラ（2足獣）：双子座、乙女座、天秤座、射手座の前半部分、水瓶座
- (iii) ジャラチャラ（水棲生物）：蟹座、魚座、山羊座の後半
- (iv) ヴァナチャラ（野生動物）：獅子座（上記に書かれた四足獣は含まない）
- (v) キータ（昆虫）：蠍座（蟹座はすでにジャナチャラに含まれた、上を見よ）

　蠍座を除くすべての星座は、獅子座（ナヴァチャラサイン）に対してヴァシャーである。獅子座を除いてすべての星座は、マナヴァ（2足獣）に対してヴァシャーである。ジャラチャーはチャトゥパダがヴァシャーに対するようにマナヴァに対して食物として役に立つ。これらのコンビネーションは利益がない。表27-2はカップルのチャートの相性から得られる得点である。

表27-2│ヴァシャーマッチングからのグナ

花嫁＼花婿	チャトゥルパダ	マナヴァ	ジャラチャラ	ヴァナチャラ	シュードラ
チャトゥルパダ	2	1	1	½	1
マナヴァチャラ	1	2	½	0	1
ジャラチャラ	1	½	2	1	1
ヴァナチャラ	0	0	0	2	0
キータ	1	1	1	0	2

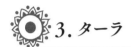

3. ターラ

　花嫁のナクシャトラから花婿のナクシャトラへ（両者とも算入して）数える。そして9で割る。3、5、7の余りは凶星と考え、グナは0である。その他は吉である。得点は1½である。同様に、花婿のナクシャトラから花嫁のナクシャトラへ（両者とも算入して）数える。そして9で割る。3、5、7の余りは凶星と考え、グナは0である。その他は吉である。得点は1½である。十分な吉のターラ（両方から見て好ましい数）はこのようにして3つの吉ポイントを生じる。

　表27-3は、

(i)　花婿のナクシャトラから花嫁の（水平方向に向けて）ナクシャトラを数える

(ii)　花嫁のナクシャトラから花婿の（垂直歩行に向けて）ナクシャトラを数える

　ことによって、得られた数を9に割った後に得られた残りの数に従って、カップルのチャートにおいてターラによって生じた吉ポイントを獲得する。

表27-2 ｜ ターラからのグナ

		花婿のナクシャトラから、残りの数								
		1	2	3	4	5	6	7	8	9
花嫁のナクシャトラから、残りの数	1	3	3	1½	3	1½	3	1½	3	3
	2	3	3	1½	3	1½	3	1½	3	3
	3	1½	1½	0	1½	0	1½	0	1½	1½
	4	3	3	1½	3	1½	3	1½	3	3
	5	1½	1½	0	1½	0	1½	0	1½	1½
	6	3	3	1½	3	1½	3	1½	3	3
	7	1½	1½	0	1½	0	1½	0	1½	½
	8	3	3	1½	3	1½	3	1½	3	3
	9	3	3	1½	3	1½	3	1½	3	3

4. ヨーニ

　異なるナクシャトラは異なる動物のヨーニをもつと言われている。花嫁と花婿の誕生ナクシャトラはお互いに敵対的でない動物のヨーニを示すべきである。もし彼らが同じか中立的なヨーニをもつならば、望ましいものと思われる。

　ヨーニの14のカテゴリーは、それぞれ2つのナクシャトラで示され記述される。この目的のために、アビジットナクシャトラ（山羊座の6度40分から10度53分までの範囲）は、ナクシャトラの使用数を28へと広げることを考慮させる。ナクシャトラのペアは、適切なヨーニと不吉なヨーニとに以下に示される。

ナクシャトラとヨーニ

	ナクシャトラ	ヨーニ	強い敵
1	アシュヴィニ、シャタビシャ	アシュワ(馬)	マヒシャ(水牛)
2	バラニ、レヴァティ	ガジャ(象)	シンハ(ライオン)
3	クリッティカ、プシャヤ	メーシャ(羊)	ヴァナラ(猿)
4	ローヒニ、ムリガシラ	サルパ(蛇)	ナクラ(マングース)
5	アールドラ、ムーラ	シュワナ(犬)	ムリガ(鹿)
6	プナルヴァス、アーシュレーシャ	マルジャラ(猫)	ムシャカ(鼠)
7	マガー、P.パーグルニ	ムシャカ(鼠)	マルジャラ(猫)
8	U.パールグニ、Uパードラパダ	ガウ(牛)	ヴィヤガラ(虎)
9	ハスタ、スワティ	マヒシャ(水牛)	アシュワ(馬)
10	チトラ、ヴィシャカ	ヴィヤガラ(虎)	ガウ(牛)
11	アヌラーダ、ジェーシター	ムリガ(鹿)	シュワナ(犬)
12	P.アーシャダー、シュラヴァナー	ヴァナラ(猿)	メーシャ(羊)
13	U.アーシャダー、アビジット	ナクラ(マングース)	サルパ(蛇)
14	ダニシュター、P.パードラパダ	シンハ(ライオン)	ガジャ(象)

　花婿と花嫁が同じヨーニに属する時、彼らは4ポイントを得る。もし彼らがひどく不吉なヨーニに属する時、彼らはポイントを得ない。相互に友好的

表27-4│ヨーニの相性からのグナ

花婿／花嫁	アシュワ	ガジャ	メーシャ	サルパ	シュワナ	マルジャラ	ムシャカ	ガウ	マヒシャ	ヴィヤガラ	ムリガ	ヴァナラ	ナクラ	シンハ
アシュワ	4	2	3	2	2	3	3	2	0	1	3	2	2	1
ガジャ	2	4	3	2	2	3	2	3	3	1	3	2	2	0
メーシャ	3	3	4	2	2	3	2	3	1	3	0	2	2	1
サルパ	2	2	2	4	2	1	1	2	2	2	2	1	0	2
シュワナ	2	2	2	2	4	1	1	2	2	2	0	2	2	2
マルジャラ	3	3	3	1	1	4	0	3	3	3	3	2	2	2
ムシャカ	3	2	2	1	1	0	4	3	3	2	3	2	1	2
ガウ	2	3	2	2	2	3	3	4	3	0	3	2	2	1
マヒシャ	0	3	2	2	2	3	3	3	4	1	3	2	2	1
ヴィガラ	1	1	1	2	2	2	2	0	1	4	1	2	2	3
ムリガ	3	3	3	2	0	3	3	3	1	1	4	2	2	1
ヴァナラ	2	2	0	1	2	2	2	2	2	2	2	4	2	2
ナクラ	2	2	2	0	2	2	1	2	2	2	2	2	4	2
シンハ	1	0	2	2	2	2	2	1	1	3	1	2	2	4

なヨーニの場合3ポイント、中立の場合2ポイント、そして単に不吉なヨーニの場合、1ポイントを得る。

表27-4はカップルのヨーニを基礎として、彼らによって得られるグナを表示している。

⬤ 5. グラハマイトリ

これは花婿と花嫁の月の星座の支配星の相互の性質を基礎にしている。2つの支配星が友好か同じである時、完全な5ポイントが保証される。月の星座の支配星が、他の支配星が中立である一方、一方に関しては他者へ向けては友好である時、4ポイントを得る。両方のラーシの支配星がお互いに中立

である時、3ポイントを得る。一方が他者に対して友好であり他者が一方に対して敵対である時、1ポイントだけが割り振られる。

惑星が他者に対して中立で他者が敵対である時、12ポイントが与えられる。どちらも相互に敵対であればポイントは与えられない。グラハマイトリ対しては表27-5を見よ。

表27-5│グラハマイトリからのグナ

		花婿の月の星座の支配星						
		太陽	月	火星	水星	木星	金星	土星
花嫁の月の星座の支配星	太陽	5	5	5	4	5	0	0
	月	5	5	4	1	4	½	½
	火星	5	4	5	½	5	3	½
	水星	4	1	½	5	½	5	4
	木星	5	4	5	½	5	½	3
	金星	0	½	3	5	½	5	5
	土星	0	½	½	4	3	5	5

6. ガナ

27ナクシャトラは、それぞれ9つのナクシャトラからなる3つのカテゴリーに分けられる。9つのナクシャトラのそれぞれのカテゴリーは、3つのガナ、即ち、デヴァガナ、マヌシュナガナ、そしてラクシャサガナの1つを表示する。これらのガナを表示するナクシャトラは次のとおりである。

(a)　デヴァガナ：アシュヴィニー、ムリガシラ、プナルヴァス、プシュヤー、ハスタスワティ、アヌラーダー、シュラヴァナー、レヴァティ

(b)　マニシュヤガナ：バラニー、ローヒニ、アールドラ、3つのプールヴァ（P.パールグニー、P.アーシャダー、P.パードラパダ）、3つのウッタ

ラ（U.パールグニー、U.アーシャダー、U.パードラパダ）

(c) ラクシャサガナ：クリッティカ、アーシュレーシャ、マガー、チトラ、
   ヴィシャカカー、ジェーシター、ムーラ、ダニシュター、シャタビシャー

　月のナクシャトラをベースとしたガナに対応しながら、カップルによって
得られる吉ポイントは表27-6に示される。

表27-6｜ガナの相性から得られるグナ

花嫁 ＼ 花婿	デーヴァ	マヌシャ	ラクシャサ
デーヴァ	6	5	1
マヌシャ	6	6	0
ラクシャサ	0	0	6

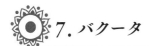

7. バクータ

　ここではお互いの出生月の星座の配置が考慮される。カップルの月の星座
がお互いに2/12、6/8、5/9の配置になる時、グナは得られない。他の状況の
下では、7ポイントが割り当てられる。表27-7はカップルの月の星座のい
ろいろな組み合わせに対するバクータグナを表示する。

　バクータグナを考慮する際、2〜3の点について留意する必要がある。こ
れらは以下のとおりである。

(a) 6/8の位置関係：奇数星座から6番目の星座と偶数星座から8番目の
   星座の支配星は敵対関係にあるので、相互に6/8の位置を形成する。他
   方で、偶数星座から6番目の星座と奇数星座から8番目の星座の支配星
   は敵対せず友好なので、相互に吉となる6/8の位置を作る。カップルの
   月の星座の吉意の6/8の位置は悪すぎることはない。

表27-7｜バクータグナ

ラーシ		花婿											
		1	2	3	4	5	6	7	8	9	10	11	12
花嫁	1	7	0	7	7	0	0	7	0	0	7	7	0
	2	0	7	0	7	7	0	0	7	0	0	7	7
	3	7	0	7	0	7	7	0	0	7	0	0	7
	4	7	7	0	7	0	7	7	0	0	7	0	7
	5	0	7	7	0	7	0	7	7	0	0	7	0
	6	0	0	7	7	0	7	0	7	7	0	0	7
	7	7	0	0	7	7	0	7	0	7	7	0	0
	8	0	7	0	0	7	7	0	7	0	7	7	0
	9	0	0	7	0	0	7	7	0	7	0	7	7
	10	7	0	0	7	0	0	7	7	0	7	0	7
	11	7	7	0	0	7	0	0	7	7	0	7	0
	12	0	7	7	0	0	7	0	0	7	7	0	7

(b) 敵対の6/8の位置は結婚相手の死を招く。カップルの月の星座の2/12の位置は相互の5/9の配置が子供のいない原因となる一方で、極貧に導く。

(c) 結婚のパートナーが出生図において同じ月の星座をもつ時、2人の月のナクシャトラが異なる限り、吉であると考えられる。

(d) 2つの月の星座の支配星が相互に2/12の位置で友好である時、2/12の配置の欠点は大いに緩和される。相互に代わって、花婿の月は12のハウスとまったく同じに花嫁の月の星座をもつことが、更に望ましい。

8. ナディ

27のナクシャトラは次のように3つのナディへ分類される。

(a) アディヤ：アシュヴィニー、アールドラ、プナルヴァス、ウッタラパールグニ、ハスタ、ジェーシター、ムーラ、シャタビシャ、P. パードラ

パダ

(b) マディア：バラニ、ムリガシラ、プシャヤ、プールヴァパールグニ、チトラ、アヌラーダ、P. アーシャダー、ダニシュター、U. パードラパダ

(c) アンチャー：クリティカー、ローヒニ、アーシュレーシャ、マガー、スワティ、ヴィシャカー、U. アーシャダー、シュラバナー、レヴァティ

花婿花嫁のナクシャトラは、同じナディのグループの中にあるべきではない。グナは表27-8に示されたように考慮される。

表27-8│ナディグナ

花嫁 ＼ 花婿	アディヤ	マディア	アチャー
アディヤ	0	8	8
マディア	8	0	8
アチャー	8	8	0

次の点がナディグナを判断する時に、考慮に入れる必要がある。

(a) 花嫁と花婿は同じラーシをもつがナクシャトラが違う時、ナディの傷は再びは適用されない。

(b) 花嫁と花婿は同じナクシャトラだが異なるラーシをもつ時、ナディの傷は再びは適用されない。

(c) 花嫁と花婿は同じアディアナディに入る時、花婿は苦しむ。彼ら2人がアンチャナディに入る時、花嫁は苦しむ。2人がマディアナディに入る時、花嫁も花婿も死を含む不吉な結果に苦しむ。

カップルのチャートの相性のプロセスは8つのクータやグナを考慮しながら、図27-1、2に示した。男性のナクシャトラはムーラ（19番目のナクシャトラ）で女性のナクシャトラはウッタラパードラパダ（26番目のナクシャトラ）である。

彼らのラーシは個々に射手座と魚座である。

図27-1│花婿のチャート　1956年5月27日生

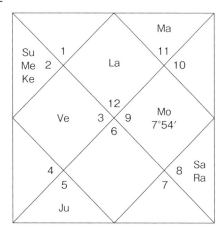

La		Su Me Ke	Ve
Ma			
			Ju
Mo 7°54′	Sa Ra		

図27-2│花嫁のチャート　1959年4月6日生

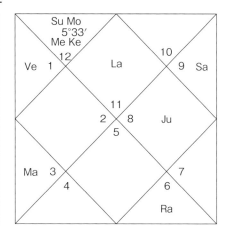

Su Mo 5°33′ Me Ke	Ve		Ma
La			
	Sa	Ju	Ra

　ここで得られる全部で24のグナは受容の範囲である。それは男性のチャートが20番目のハウスで火星があり、それゆえにマンガラダシャーを示す。これは8番目にあるラーフの配置のために女性のチャートにおいて中立化していることがわかる。それはマンガラダシャーが他のホロスコープにおいて火星によって占められた時、婚約者のチャートと同じハウスを占める凶星によって中立化されるホロスコープをもつことを選択するかもしれない。

図27-1│花婿のチャート　1956年5月27日生

	クータ	花婿	花嫁	グナ
1	ヴァルナ	クシャトリア	ブラーミン	0
2	ヴァシャー	マナヴァ	ジャラチャラ	½
3	ターラ	8（÷9、R=8）	21（÷9、R=3）	1½
4	ヨーニ	シュワナ	ガウ	2
5	グラハマイトリー	ジュピター	ジュピター	5
6	ガナ	ラクシャサ	マヌシャ	0
7	バクータ	ダヌー	ミーナ	7
8	ナディ	アディヤ	マディヤ	8
			計	24

 ## ナディについてさらに

　ナディを計算するより詳しい方法はナクシャトラの性質に応じて提案されている。この方法によれば、3つの異なる配慮が以下のように用いられている。

(a)　トゥリナディ（3つのナディ）

　　女性のナクシャトラが一定の星座に完全に入る一群のナクシャトラに属する場合考慮される。このようなナクシャトラは、アシュヴィニ、バーラニ、ローヒニ、アールドラ、プシャヤ、アーシュレーシャ、マガー、P.パールグニ、ハスタ、スワティ、アヌラーダ、ジェーシター、ムーラ、P.アーシャダー、シュラヴァナー、シャタビシャー、U.パードラパダ、レヴァティを含む。ここで考慮される相性のナクシャトラは上で示されたものと同じである（表27-8）。

(b)　チャトゥルナディ（4つのナディ）

　　女性のナクシャトラが1つの星座の3/4をもつ（別の星座の1/4をもつ）ナクシャトラの1つに属する時、4つのナクシャトラが考慮される。ここで適切なナクシャトラは、クリッティカ、プナルヴァス、U. パールグニー、ヴィシャカー、U. アーシャダー、P. パードラパダ等、太陽

と木星のナクシャトラである。

　　4つのナディは次のとおりである。

（i）　最初のナディ：クリティカー、マガー、P. パールグニー、ジェーシ
　　　ター、ムーラ、U. パードラパダ、レヴァティ

（ii）　2番目のナディ：ローヒニ、アーシュレーシャ、U. パールグニー、
　　　アヌラーダ、P. アーシャダー、P. パードラパダ、アシュヴィニ

（iii）　3番目のナディ：ムリガシラ、プシャヤ、ハスタ、ヴィシャカー、
　　　U. アーシャダー、シャタビシャ、バーラニ

（iv）　4番目のナディ：アールドラ、プナルヴァス、チトラ、スワティ、
　　　シュラヴァナ、ダニシュター

（c）　パンチャナディ

　　これは女性のナクシャトラが2つの隣接するナクシャトラに等しくた
またま在住する（2つの隣接する星座にあるその内の2つをもつ）。こ
れらのナクシャトラはムリガシラ、チトラそしてダニシュター、即ち火
星のナクシャトラである。

　　考慮されるべき5つのナディは以下のように示される。

（i）　最初のナディ：ムリガシラ、チトラ、スワティ、シャタビシャ、
　　　P. パードラパダ

（ii）　2番目のナディ：アールドラ、ハスタ、ヴィシャカー、ダニシュタ
　　　ー、U. パードラパダ

（iii）　3番目のナディ：プナルヴァス、U. パールグニー、アヌラーダ、
　　　シュラヴァナ、レヴァティ

（iv）　4番目のナディ：プシュヤ、P. パールグニー、ジェーシター、U.
　　　アーシャダー、アシュヴィニー、ローヒニ

（v）　5番目のナディ：アーシュレーシャ、マガー、ムーラ、P. アーシ
　　　ャダー、バーラニ、クリッティカー

　　この方式によれば、花婿と花嫁のナクシャトラは8つの吉ポイントを得る
異なるナディにあるべきである。ナディの相性は長い結婚生活と危険に対す
る防御を確かなものにする。

　ここで述べられた未来の花嫁花婿の相性のためのアシュタクータはホロスコープの相性の伝統的な方法を示す。この方式はカップルの精神的相性を大きく強調する、それゆえにそのほとんどの信頼性は結婚のパートナーのラーシや月に置かれている。２人のホロスコープが全体で可能な36の内で18かそれ以上の点数を確保する時、彼らは結婚に対して受け入れられると思われる。点数が大きければ大きいほど、相性はよい。

　しかしながら、これはホロスコープチャートによる相性をみる方法の１つであるにすぎないことを指摘しなければならない。実際の相性において、いくつかの付加的な要素が考慮される必要がある。これらはそれぞれの２つのホロスコープを別々に、パートナーの寿命の考慮、適度な良き結婚生活と子供の展望、そしてダシャーパターン等々徹底的に分析することを含む。また、ナヴァムシャやシャプタムシャのような分割図が考慮されるべきである。

　現代において、相性はパートナーが子供を第一に望むのか、経済の安定、十分な収入、そして彼らの内の１人或いは両方の職業的な優越性のような他の側面を望むのかも考慮しなければならない。要するに、結婚に関するチャートの相性をみるプロセスは、古代において用いられたものより今日の消費社会ではより難しいし時間がかかる。

28

プラシュナ或いは
ホラリー占星術

あなたは錯綜した言葉で
私の知性を惑わすかのようだ。
それ故、はっきりと、ただ一つの事を言ってください。
それにより私が至福を得られるような……。

「バガヴァバッド・ギータ第3章2」（上村勝彦訳　岩波文庫）より

　プラシュナは出生図をもつ必要性と関わらないインド占星術の独自のシステムである。

　ここでの重要な要素は質問する実際の瞬間である。一般的に、それは質問された瞬間のホロスコープチャートによって形成される。予言はまた一般的に行われた質問と占星術的に導き出された答えに関わる。

　プラシュナは古代の聖賢パーシュラマの祝福を得ていると思われる。プラシュナのシステムは南インドのケララ州で非常に洗練され発達した。このシステムの原理は『プラシュナ　マルガ』として知られる古典において簡潔に得ることができる。高度に発達したシステムによれば、質問者或いは彼の親戚らに対してなされるほとんどの質問に対して回答が可能である。

　インドの残りの地域では、プラシュナ方式は有名なヴァラーミヒラの息子であるプリトゥヤシャスのシャットパンチャーシカを主に基礎にしている。最近ではタジキシステムの方式、或いはヴァルシャハラがそれと統合化され

ている。すなわち、プラシュナチャートにおいてタジカヨガを使用することが一般に行われている。ケララ州で行われている洗練されたシステムを除いて、一般にプラシュナシステムは限られた分野、主に質問者によってなされた質問に関わることだけに焦点を当てる。長期的な予言や広い範囲に及ぶ予言は通常、これに基づいて行うことはできない。しかしながら、プラシュナは特に出生者の誕生時間が不明の時、特別の質問の答えを素早く見出す信頼性のある方式である。

　占星術師は質問者が占星術師に質問をする時、或いは電話で質問をする時記録にとる。プラシュナはその他の誰かの利益のために質問がなされる。窃盗、訴訟、成功失敗、病気、治療、行方不明者、事故における生存等プラシュナを基礎にして容易に答えられる。質問を投げかけた瞬間に1つのホロスコープが作成される。そしてこれはホラリーシステムに適用される標準的な占星術の原則に従う。

 ## 惑星、ハウスそして星座

　惑星、ハウスそして星座の重要性は出生占星術と同様に、プラシュナチャートにおいても同じである。即ち、生来的吉星と関わるケンドラとトリコーナはよい意味をもつ。凶星の第3、6、11室の在住とケンドラ、トリコーナ、第8室において凶星がないことは、質問内容に関してよい意味をもつ。

 ## ラグナの重要性

　プラシュナチャートの最も重要な点はラグナにある。ラグナの性質は質問に対する出来事の展開を示す。

(a)　チャララーシ（活動星座）にあるラグナ
　　　ラグナにおいて上昇するチャララーシは変化を示す。患者の健康につ

いての質問に関しては、状態が良くなるか悪くなるかである。仕事の場合なら、場所か地位の変化がある。もしそれが失踪者に関わるならば、この人は１つの地位にとどまることができないか、彼が変化しそうに思われる現在の場所での仕事や約束を達成することができないかである。

(b) スティララーシ（固着星座）にあるラグナ

ラグナにおいて上昇するスティララーシは変化が起こりそうもないことを示す。質問の性質に応じて、患者の病状は変化がないし、仕事においては移動或いは地位の変化はない。失踪者に関しては、現在の状態にとどまるままである。

(c) ドゥヴィスヴァバーヴァラーシ（柔軟星座）にあるラグナ

ドゥヴィスヴァバーヴァラーシの最初の前半は、スティララーシに隣接している部分でありスティララーシのような結果になる。後半のチャララーシに近い部分はチャララーシのような結果となる。

多岐にわたる質問

人が同時にいくつかの質問をする時、次のルールが述べられている。

最初の質問　ラグナから判断する
２番目の質問　月の位置から判断する
３番目の質問　太陽の位置から判断する
４番目の質問　木星から判断する
５番目の質問　水星と金星の内、強い方から判断する

ケンドラの役割

ケンドラはプラシュナシステムにおいて非常に重要である。
第１室は現状の変化や混乱と関わる。第４室は成功や繁栄を示す。第７室

は家や生まれた国の回帰を示す。それに対して第10室は家や国から離れることを示す。

　健康についての質問においては、外科医は第1室によって表される。病気は第7室によって、患者は第10室によって、医薬は第4室によって表される。

　旅行者や行方不明者の質問においては、ラグナは旅行者を表し、第7室は進路或いは帰還、家からの不在は第10室そして第4室は旅行者の安寧を示す。

　盗難についての質問は、ラグナは第7室が泥棒を表すのに対して質問者を表す。第10室は警察等の権威を表し、第4室は盗まれた財を表す。

　訴訟についての質問においては、第7室が敵対者を示すのに対してラグナは訴訟者を示す。第10室は関係当局の権威を示し第4室は判決を示す。

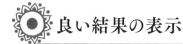 良い結果の表示

１．ハウスが支配星か吉星によってアスペクトされているか在住していれば良い結果をもたらす傾向にある。

２．吉星がラグナにある時、或いは上昇のナヴァムシャにおける上昇星座に吉星がある時、或いは、ラーシとナヴァムシャの上昇星座がシィーアショダヤサイン（双子座、獅子座、乙女座、天秤座、蠍座、水瓶座）にある時、ビジネスの成功が約束される。

３．質問の性質に留意する。

　　もし質問が家、土地、結婚等のような固定された物事に関わっているならば、固着星座（スティララグナ）は良い表示である。質問が移転、病気からの快復、旅行者の帰還等と関わる時、活動星座（チャララグナ）がより良い。

４．質問にふさわしいハウスに留意する。

　　もしラグナロード（ラグネシャ）と関連のあるハウスの支配星（カリエシャ）が、(a)それら自身のハウスに在住している(b)お互いのハウスに在住している(c)彼ら自身のハウスにアスペクトしている、或いは(d)それぞれお互いのハウスにアスペクトしているならば、その時そのハウスに

関わる質問は良い結果をもたらす。

　高度に創造的な性質の物事を追求していく質問の時に、次の図（図28-1）が得られた。芸術と修辞の惑星であるラグナロードの金星は第5室の支配星といっしょに創造性の第5室にある。

図28-1 | プラシュナ1　1995年4月6日生の質問時

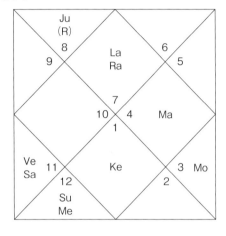

La	ラグナ	11°42′	Ju(R)	木星（逆行）	21°33′
Su	太陽	22°32′	Ve	金星	17°28′
Mo	月	4°42′	Sa(R)	土星	25°00′
Ma	火星	20°20′	Ra	ラーフ	11°55′
Me	水星	14°19′	Ke	ケートゥ	

　金星はナヴァムシャで高揚している。いくつかの重要なタジカヨガもこの事業における成功と金運を表している。ナヴァムシャとダシャムシャも良い表示をしている。ラーフはラグナとほぼオーブが0度にあり幾分か非伝統的な事象を表す。おそらく、質問者の意図を疑っているようである。

　5．ケンドラとトリコーナにおける吉星と3、6、11室における凶星の在住は非常に良い表示である。

星座の性質

二足動物の星座（双子座、乙女座、天秤座、水瓶座、射手座の前半部分）は強いラグナである。四足獣の星座（牡羊座、牡牛座、獅子座、射手座の後半、そして山羊座の前半）は第10室において強い。水の星座（蟹座、魚座、山羊座の後半）は第4室に強さを与える。蠍座は第7室で強さを得る。

プラシュナチャートにおける多様なコンビネーション

1．アセンダントからみて第2室と第3室を占めている木星と金星は、外国に行った旅行者の帰国を示す。第4室においてそれらは即時の帰還を示す。ラグナ或いは月から見た第2室と第12室にある木星と金星は旅行者が戻らないことを示す。

2．ラグナ或いは月、もしくは第7室周辺において形成するドゥルダーラは旅行に行こうと思っている人が、実際にそうするかどうかを示す。

3．凶星が第6室に在住しかつアセンダントを上昇するか凶星によってアスペクトされているか吉星によってアスペクトされていないプリシュトダヤサイン（牡羊座、牡牛座、蟹座、射手座、山羊座）は、旅行者の或いは行方不明者の安全に対して良いとは言えない。

4．第7室をめぐる吉星のドゥルダーラは友達や主人のために旅行者は帰らないことを示す、凶星のドゥルダーラは病気や敵のような強制的なものを示す。

5．ラグナに在住する吉星、第3、6、9、11室に位置する吉星は、病人の場合において病気の回復に貢献する。

6．もし木星や金星がプラシュナチャートにおいてケンドラにあるならば、病人は回復する。

7．患者の吉星がケンドラとトリコーナにあり、月がウパチャヤにあり吉星がラグナにアスペクトする時、回復する。

8．ラグナから第8室に月がある時、特に凶星にアスペクトされ吉星によるアスペクトがラグナに対してない時、患者の健康や生存がいいとは言えない。

9．泥棒の場合において、固着星座のラグナや固着星座のナヴァムシャ或いはヴァルゴッタマラグナは、泥棒が家族の一員であることを示す。活動星座のラグナは泥棒がよそ者であることを示す。

10．もしラグナの最初のドレッカナが質問の時間に昇っているならば、失せ物は家の玄関に残された（落とした）ままである。もし真ん中のドレッカナであるならば、失せ物は家の中にある。もし最後のドレッカナであるならば家の裏庭で発見される。

11．火星或いは7番目あるいは8番目のハウスに在住する第2室の支配星は財が戻らないことを示す。

12．ラグナにある凶星は質問者を含む喧嘩や身体的怪我を意味する。第4室における凶星は家庭での不和、幸福や家族の一体性の喪失を意味する。

質問者の意図

質問者が質問について誠実でない、占星術師の知識を試すだけ、或いは奇妙なテーマを望むことはしばしば起こる。このような場合において、質問者が誠実かどうか、そして正直かどうかを確かめることが必要である。いくつかの糸口がここに与えられる。

1．土星がケンドラに在住する時、水星がコンバストする時、アセンダントにある月が水星や火星によってアスペクトされる時、質問者は不誠実で悪意をもっている。

2．アセンダントに位置する吉星は質問者が誠実であることを示し、凶星の時は癖がある。

3．木星か水星か不吉な惑星が第7室の支配星にアスペクトするならば、

質問者は不誠実である。

4．先行する状況において、もし第7室の支配星とそれにアスペクトして
いる惑星が吉星によって更にアスペクトするならば、質問者は信頼に値
する。

5．第7室が水星か木星か月（接近か離反か）のアスペクトを受けるなら
ば、質問者は誠実で正直である。

6．ラグナの月とケンドラに太陽、水星、土星がともにあるならば、質問
者は意図をよく話さない。

【注記】
　プラシュナに関してこの章は非常に簡潔かつ表面的に扱った。詳細の説明について
は、読者は手に入る適切な文献を参照すべきである。

29

ゴチャラ或いは惑星トランジット

それは動く。それは動かない。

それは遠くにある。そしてそれは近くにある。

それは、この一切の内部にある。

そして、それは、この一切の外部にある。

「イーシャー・ウパニッシャド　第1章5」ウパニシャッド　（湯田豊訳　大東出版社）より

　　ホロスコープチャートについて別の言い方をするならば、流動状態にある獣帯や惑星の静止した絵のようである。ホロスコープのチャートは出生時の惑星の位置を示す。しかしながら、惑星は絶えず動き続け、この進行において、いろいろな惑星はホロスコープの影響を受けやすい領域を通り過ぎる。これが特別の出来事の発生を可能にする。連続するダシャーは適切な瞬間における個人生活で起こる出来事の順序を示す。惑星のトランジットは非常に的確に出来事の瞬間を示す。

　　前述したことによって、ホロスコープチャートは、ダシャーパターンが時間の中で繰り広げられる約束をもたらすことを意味する。トランジットは特定の期間の約束の展開を確かなものとする。トランジットは出生図とダシャーパターンの方向性に従う。それらはチャートの約束を確認しその成果を示す。

ラグナ或いは月からのゴチャラ

　古典的にいうと、異なるハウスにおける惑星のトランジットは出生図の月の位置から考慮される。出生図の月が在住する星座は本人のジャンマラーシとして知られている。それらがラグナとしてのジャンマラーシと考えながら、いろいろなハウスを通過する時、異なる惑星は異なる結果を生む。北インドでは、占星術師は別のチャクラクンダリー或いは月を星座のラグナとして用いる月のチャートを作る。これはトランジットを計算するチャートと同様に代替のホロスコープとして用いられる。

　しかしながら、ラグナから考慮されるトランジットは実際のホロスコープにおいてよく機能していると思われる。それゆえに出生図によくあてはめなければならない。それらの結果は月からよりもラグナから見ていく時、より具体的に当てはまる。古典は月との関係におけるトランジットの結果を述べているので、ここでは簡潔に述べる。それらはラグナ同様に適用することができる。

ハウスへのトランジット

　異なる惑星はそれらが出生図における月によって占められるハウスから考慮しながら、いろいろなハウスを通過する時、良い結果か悪い結果を生む。あるハウスを通過する惑星によって生み出される良い結果は、ある他の特別のハウスに在住する他の惑星によって妨害される。これらの妨害する惑星は、ヴェーダと呼ばれるものを生み出すと言われている。

　以下に、それぞれの惑星の吉ハウスのトランジットとヴェーダに対応する位置が与えられる。

太陽
良い結果のトランジット　　3、6、10、11

障害の位置	9、12、4、5

【注記】

　これはもし第9室に障害となる惑星がないならば、月から見て或いはラグナから見て太陽が第3室をトランジットする時、良い結果をもたらす。同様に、太陽の第6室のトランジットはもし第12室から妨害する惑星がないならば良い結果となる。

月

良い結果のトランジット	1、3、6、7、10、11
障害の位置	5、9、12、2、4、8

火星

良い結果のトランジット	3、6、11
障害の位置	12、9、5

水星

良い結果のトランジット	2、4、6、8、10、11
障害の位置	5、3、9、1、8、12

木星

良い結果のトランジット	2、5、7、9、11
障害の位置	12、4、3、10、8

金星

良い結果のトランジット	1、2、3、4、5、8、9、11、12
障害の位置	8、7、1、10、9、5、11、3、6

土星とラーフ

　良い結果のトランジットと障害の位置は火星の場合と同じである。

【注記】

(a)　父親と息子のコンビ（太陽と土星、或いは月と水星）はお互いに障害とならない。

(b)　惑星が良い結果を示す吉ハウスをトランジットする時、惑星は良い結果を与える一方で、対応する障害の位置にあるトランジットは悪い結果を与える。例えば、第3室にトランジットする太陽は良い結果をもたらすが、第9室へのトランジットは悪い結果をもたらす。もし土星以外の別の惑星が同時に第3室をトランジットしているのならば、これらの悪い結果は妨げられる（或いは障害に従うものである）。このように障害は悪い結果と同様良い結果を妨げる。

⦿ トランジットの結果

月から見て12星座を通過するいろいろな惑星は以下のようないろいろな結果を生み出す。

太陽

12のハウスをトランジットする太陽の効果は、

(1)悪い健康、旅行、(2)財の損失、(3)健康と財、(4)病気と心配事、(5)精神的苦悩、(6)敵の絶滅、(7)旅行、妻の病気、(8)恥辱、病気、(9)恥辱、精神的苦悩、(10)事業の成功、(11)高い社会的地位、(12)損失と悪い健康

月

いろいろなハウスにトランジットする月の結果は、

(1)幸運、(2)財の損失、(3)勝利、(4)懸念、(5)失望、(6)病気からの解放、(7)いろいろな癒し、(8)予期せぬ悪い出来事、(9)悪い健康、(10)事業の成功、(11)利得、幸福、そして、(12)出費

火星

12のハウスにある火星のトランジットの結果は、

(1)精神的虐待、(2)財の損失、(3)勝利、(4)職場か住居からの移動、(5)精神的苦悩、(6)敵や病気への勝利、(7)妻との不和、(8)予期せぬ悲劇や事故等、(9)健康と財の喪失、(10)妨害、肉体的努力、(11)健康や財の獲得、(12)財の損失

水星

水星のトランジットの結果は、

(1)財の損失、(2)財の獲得、(3)敵からの恐れ、(4)多重の利益、(5)妻と子供の不和、(6)反対者の支配、(7)喧嘩、(8)財の獲得、健康の損失、(9)事業への障害、(10)すべての癒し、(11)多重の獲得、(12)反対者による支配

木星

木星のトランジットは次の結果を生み出す。

(1)移動と出費、(2)財の獲得、(3)不健康、(4)家庭不和、反対者の増加、(5)幸福、子供の誕生、(6)敵とのトラブル、(7)妻や子供からの慰め、幸運な旅行、(8)望まぬ旅行、財の喪失、(9)徳のある行為の遂行、多くの収穫、(10)経歴の懸念、(11)財と地位の獲得、(12)財の損失

金星

金星のトランジットは次の結果を生み出す。

(1)身体的喜び、(2)財の流入、(3)いろいろなものの取得、(4)友達の数の増加、(5)息子の誕生、(6)不運、(7)妻への或いは妻からのトラブル、(8)健康と財の獲得、(9)いろいろな恩恵、(10)喧嘩、(11)財の獲得、懸念等、(12)財の獲得

土星

12のハウスにわたる土星のトランジットは次の結果を生み出す。

(1)健康悪化、(2)財の損失、(3)地位の向上、(4)家庭不和、(5)子供の病気、精神的苦痛、(6)敵対者への支配、(7)面倒な旅、妻への病気、(8)いろいろな不運、(9)低レベルの行動、父親への危害、(10)経歴への障害、(11)財の流入、いろいろな慰め、(12)努力とお金の浪費

ラーフ

ラーフの12ハウスへのトランジットは次の結果を導く。

(1) 病気、(2)財の損失、(3)いろいろな喜び事、(4)悲惨、(5)財の損失、(6)慰め、(7)屈辱、(8)深刻な病気、(9)損失、(10)安楽、(11)幸運、(12)過大な出費

 記憶すべき要点

1. 惑星が減衰星座や敵対ハウスである時、吉ハウスをトランジットして

も、その吉意は減らされる。悪いトランジットと重なる減衰は悪い結果をもたらす。

2．高揚や在住ハウスと一致するトランジットは幸運である。

3．生来的凶星にまたがる凶星のトランジットは特に有害である。

4．太陽や火星はサインに入るとすぐに結果を生み出す。木星や金星はサインの中ほどで結果を生み出す、月や土星は最後の3分の1で結果を生み出す。水星やラーフは星座のトランジットを通じて結果を生み出す。

5．すべてのトランジットはホロスコープの静的な意味が示す約束に伴って起こる。それに対してダシャーは連続的に起こる。

 # ナクシャトラに及ぼすトランジット

次のナクシャトラに関わる凶星のトランジットは有害と考えられる。

1．誕生のナクシャトラ（ジャンマ）とその3倍のナクシャトラ。即ちそれから数えて10番目（カルマ）と19番目のナクシャトラ（アダーナ）

2．誕生のナクシャトラから3番目（ヴィパット）

3．誕生のナクシャトラから5番目（プラティヤーリ）

4．誕生のナクシャトラから7番目（ヴァーダ）

5．誕生のナクシャトラから21番目（バイナシャカ）

 # 土星のサディサティ

土星は1つの惑星を通過するのに約2年半かかる。月から見て12番目、1番目、2番目の3つのハウスにわたるトランジットの期間において、継続する7年半（サディサティ：7年半）は特に危険と考えられる。この期間はいろいろなトラブル、懸念、損失、悲劇、迷い、身体的病気に見舞われる。

サディサティは30年間の周期の後で、大体同じことをくり返す。人は最

大限３つのサディサティを経験する。サディサティの最初のサイクルは本人の両親と敵対する、２番目は本人と、３番目は子孫と敵対する。

　月とそれを取り囲む２つのハウスのトランジットは強く運命づけられているが、これらの結果を盲目的に適用しないことが重要である。人は出生図における月の位置、月が在住する星座、機能している惑星のダシャー期（MD、AD、PD等）を考えなければならない。サディサティの結果はこれらのすべての要素を考慮した後にだけ、告げられるべきである。

 # 事例

　図29-1の出生図の持ち主は、1992年４月２日から1994年８月26日まで木星／ラーフ期のMD/ADの時であった。木星は逆行で第８室と第11室を支配し第11室に在住している。それに対して、ラーフは減衰太陽とともに第６室に位置している。MD/ADの支配星はお互いに６/８の位置にある。

　1993年11月５日、このチャートの持ち主は公的命令により強制的に引退させられた。トランジットの火星は出生の月から第10室にアスペクトしていた。木星もまた同じであった。土星は出生図では第10室の支配星で減衰逆行していて、出生月から第５室（第10室から８番目）である。

　月は引退命令を受けた日において、出生の月から第10室に在住している。実際にトランジットは特定のハウスにおいて敏感に反応したり活性化したりする。その結果、これらのハウスの事象に関連する出来事が起こる。出生の月からみて第２室にトランジットしラグナから第２室にアスペクトする木星は最終的な利益として十分な金額を確保する。

図29-1 | ネイタルチャート　1939年11月7日生

Ju (R)	Sa (R) Ke	La	
Ma			
	Me Ve	Su Ra	Mo

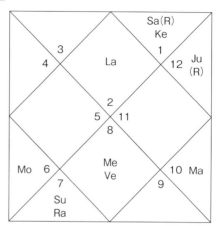

La	ラグナ	25°01′	Ju(R)	木星（逆行）	6°20′
Su	太陽	21°12′	Ve	金星	7°30′
Mo	月	1°33′	Sa(R)	土星（逆行）	3°30′
Ma	火星	29°30′	Ra	ラーフ	5°25′
Me	水星	14°13′	Ke	ケートゥ	

トランジットチャート　1993年11月5日

		Ke	Mo
Sa			
	Ra Ma	Su Me(R) Ju Ve	

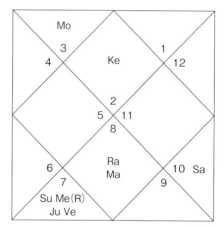

図29-2の出生図の持ち主は、1987年2月5日から1987年2月24日までラーフ／火星／太陽のMD/AD/PDの時期であった。その間（1987年2月15日）に彼は深刻な自動車事故を蒙った。ラーフは運動の3/9軸に関わり、火星は事故の惑星であり第3室の支配星にアスペクトしている。一方で太陽は減衰し火星と絡み土星によってアスペクトされている。

　トランジットにおいて、太陽はラグナからみて第3室にあった（それゆえ、トランジットにおけるラグナの重要さがある）。出生のケートゥに関して（出生図において凶星にトランジットする凶星を見よ）、土星トランジットは第12室にあり月から見て第7室にあり（どちらも敵対）、第3室の支配星にアスペクトした。火星は月から見て第12室にトランジットした。月は第3室にアスペクトしRKAにトランジットしながら第9室にいた。月のトランジットは実際にイベントが起きる日に結びついている。木星とラーフによる月から見て第11室のトランジットは防御的な要素として振る舞っている。

図29-2｜ネイタルチャート　1961年10月27日生

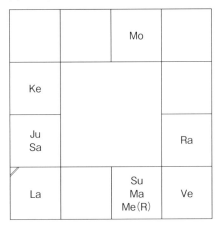
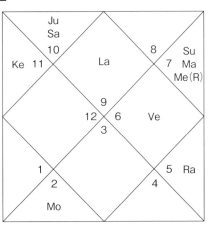

La	ラグナ	17°45′	Ju	木星	5°46′
Su	太陽	10°13′	Ve	金星	17°57′
Mo	月	24°46′	Sa	土星	0°37′
Ma	火星	24°09′	Ra	ラーフ	1°22′
Me	水星（逆行）	0°53′	Ke	ケートゥ	

トランジットチャート　1987年2月15日

Ju Ra	Ma		
Su Me			
			Mo
Ve	Sa		Ke

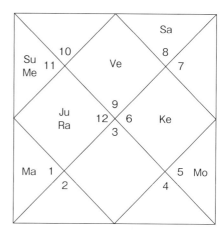

　図29-3の人は、彼女の出生の月から見て第8室に5つの惑星が配置され
た日に、結婚を決めていた。これらの内の3つ、太陽、火星、ラーフは機能
的に凶星である一方で、水星は月から見て生来的凶星である。結婚式が彼女
の家で行われたが、彼女と彼女の両親は悔辱された。結婚式は執り行われな
いままに過ぎた。月から第8室に多くの凶星がありすぎる。出生の月から見
ても第5室に、そしてラグナから第12室おいて月がトランジットしている
のはよくない。結婚のムフルタを決めている時に、月と同様ラグナからも第
8室の傷つきがないことを確認しなかったことが問題の本質である。

図29-3 | ネイタルチャート　1964年1月22日生

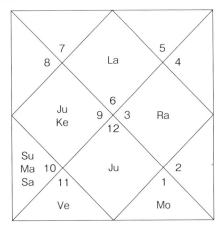

La	ラグナ	29°08′	Ju	木星	19°49′
Su	太陽	7°24′	Ve	金星	12°20′
Mo	月	1°30′	Sa	土星	29°20′
Ma	火星	13°21′	Ra	ラーフ	16°54′
Me	水星	13°20′	Ke	ケートゥ	

トランジットチャート　1993年12月7日

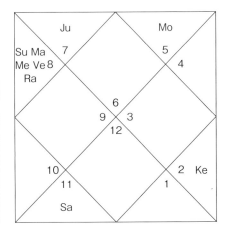

30

アシュタカヴァルガ

> 地、水、火、風、虚空、
> 意（思考器官）、思惟機能、自我意識、
> 以上、私の本性（物質的原理）は
> 八種に分かれている。
>
> 「バガヴァバッド・ギータ第7章4」（上村勝彦訳　岩波文庫）より

　アシュタカヴァルガは、インド占星術におけるユニークな予測システムである。それは主に惑星のトランジットの結果を解読するために用いられる。ダシャーシステムと結びつきながら、非常に的確な予測をする。アシュタカヴァルガの全システムは非常に洗練されており、それゆえ、この著書の範囲を越えている。ここでは、この予測技術の初歩的な概念だけを記述する。より詳しくは、ヴィナイ・アディチャによる『The Dots of Destiny（仮題：運命の点印、日本語版未刊行）』というアシュタカヴァルガの本を参考にしてほしい。

アシュタカヴァルガの基礎

１．それぞれのチャートはすべての良い結果・悪い結果を確かなものにす

る７つの惑星（太陽から土星まで）とラグナがある。アシュタカヴァル
ガ（８つの折り畳み）システムはこれらの８つのポイントを特別な関連
性として考慮する。ラーフとケートゥは、この点に関して議論はあるが
アシュタカヴァルガの計算には考慮されない。

２．それぞれの７つの惑星は上記に述べた８つのポイントから考慮される
時、あるハウスには良き影響を与え、残りには悪い影響を与える。良き
影響を与えられたハウスは小棒や点によって記される（吉ポイントと今
後は呼ぶ）。

３．すなわち７つの異なるチャートは７つの異なる惑星によって可能とな
る。これらはビンアシュタカヴァルガと呼ばれる。出生図におけるそれ
ぞれの惑星の位置がまず考慮される。

４．特定のハウスは、７つの惑星とラグナの視点から惑星に応じて最大限
８の吉ポイントをもつ。ハウスにおける吉ポイントは多ければ多いほど、
その吉意はより強くなる。

５．異なる星座にあるそれぞれの惑星により寄与する吉ポイントが加えら
れることにより、サルヴァアシュタカヴァルガを得る。太陽は全体で
48得点を得る。月は49得点を得る。火星は39得点を得る。水星は54得
点を得る。木星は56得点を得る。金星は52得点を得る。土星は39得点
を得る。７つの惑星とラグナに関わるいろいろなハウスから、７つの惑
星によって全体で337吉ポイントを得る。

６．一般的に、惑星が強いハウスを通過する時良い結果が発生する（吉ポ
イントの大きな数をもつハウス）。そしてそれらが弱いハウスを通過す
る時悪い結果が発生する（少ないポイントのハウス）。このポイントが
７つの惑星のビンシュタカヴァルガとして与えられる。

太陽

太陽は以下のように、８つの動的ポイントのそれぞれに対して示されたハ
ウスに対して吉となる。

⑴　太陽　　　　１、　２、　４、　７、　８、　９、　10、　11

⑵　月　　　　　３、　６、　10、　11

(3) 火星　　　　1、　2、　4、　7、　8、　9、　10、　11

(4) 水星　　　　3、　5、　6、　9、　10、　11、　12

(5) 木星　　　　5、　6、　9、　11

(6) 金星　　　　6、　7、　12

(7) 土星　　　　1、　2、　4、　7、　8、　9、　10、　11

(8) ラグナ　　　3、　4、　6、　10、　11、　12

合計：48　吉ポイント

月

月は以下のように、8つのポイントのそれぞれに対して示されたハウスに対して吉となる。

(1) 太陽　　　　3、　6、　7、　8、　10、　11

(2) 月　　　　　1、　3、　6、　7、　10、　11

(3) 火星　　　　2、　3、　5、　6、　9、　10、　11

(4) 水星　　　　1、　3、　4、　5、　7、　8、　10、　11

(5) 木星　　　　1、　4、　7、　8、　10、　11、　12

(6) 金星　　　　3、　4、　5、　7、　9、　10、　11

(7) 土星　　　　3、　5、　6、　11

(8) ラグナ　　　3、　6、　10、　11

合計：49　吉ポイント

火星

火星は以下のように、8つの主要な点のそれぞれに対して示されたハウスに対して吉となる。

(1) 太陽　　　　3、　5、　6、　10、　11

(2) 月　　　　　3、　6、　11

(3) 火星　　　　1、　2、　4、　7、　8、　10、　11

(4) 水星　　　　3、　5、　6、　11

(5) 木星　　　　6、　10、　11、　12

(6) 金曜　　　　6、　8、　11、　12

(7) 土曜　　1、　4、　7、　8、　9、　10、　11

(8) ラグナ　1、　3、　6、　10、　11

合計：39　吉ポイント

水星

水星は以下のように、8つの主要な点のそれぞれに対して示されたハウスに対して吉となる。

(1) 太陽　　5、　6、　9、　11、　12

(2) 月　　　2、　4、　6、　8、　10、　11

(3) 火星　　1、　2、　4、　7、　8、　9、　10、　11

(4) 水星　　1、　3、　5、　6、　9、　10、　11、　12

(5) 木星　　6、　8、　11、　12

(6) 金星　　1、　2、　3、　4、　5、　8、　9、　11

(7) 土星　　1、　2、　4、　7、　8、　9、　10、　11

(8) ラグナ　1、　2、　4、　6、　8、　10、　11

合計：54吉ポイント

木星

木星は以下のように、8つの主要な点のそれぞれに対して示されたハウスに対して吉となる。

(1) 太陽　　1、　2、　3、　4、　7、　8、　9、　10、　11

(2) 月　　　2、　5、　7、　9、　11

(3) 火星　　1、　2、　4、　7、　8、　10、　11

(4) 水星　　1、　2、　4、　5、　6、　9、　10、　11

(5) 木星　　1、　2、　3、　4、　7、　8、　10、　11

(6) 金星　　2、　5、　6、　9、　10、　11

(7) 土星　　3、　5、　6、　12

(8) ラグナ　1、　2、　4、　5、　6、　7、　9、　10、　11

合計：56　吉ポイント

金星

金星は以下のように、8つの主要な点のそれぞれに対して示されたハウスに対して吉となる。

(1) 太陽　　　8、11、12

(2) 月　　　　1、2、3、4、5、8、9、11、12

(3) 火星　　　3、5、6、9、11、12

(4) 水星　　　3、5、6、9、11

(5) 木星　　　5、8、9、10、11

(6) 金星　　　1、2、3、4、5、8、9、10、11

(7) 土星　　　3、4、5、8、9、10、11

(8) ラグナ　　1、2、3、4、5、8、9、11

合計：52　吉ポイント

土星

土星は以下のように、8つの主要な点のそれぞれに対して示されたハウスに対して吉となる。

(1) 太陽　　　1、2、4、7、8、10、11

(2) 月　　　　3、6、11

(3) 火星　　　3、5、6、10、11、12

(4) 水星　　　6、8、9、10、11、12

(5) 木星　　　5、6、11、12

(6) 金星　　　6、11、12

(7) 土星　　　3、5、6、11

(8) ラグナ　　1、3、4、6、10、11

合計：39　吉ポイント

事例

　それぞれの惑星の観点から、上記の情報を図表化することが可能である。これは我々にプラスタラカ・アシュタカヴァルガとして知られる点描の図を与える。これからそれぞれの惑星のビンアシュタカヴァルガを導き出すことができる。

　1917年5月29日3時15分28秒に西経71度8分、北緯42度20分（アメリカ）で生まれたある人物（ジョン・F・ケネディ）のビンアシュタカヴァルガの図表を算出してみよう。ホロスコープは以下のとおりである。

図30-1｜アシュタカヴァルガの点数事例　JFK　1917年5月29日生まれ

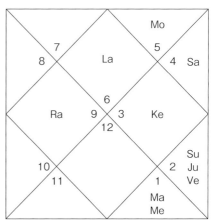

La	ラグナ	27°37′	Ju	木星	0°20′
Su	太陽	15°03′	Ve	金星	24°02′
Mo	月	24°30′	Sa	土星	4°27′
Ma	火星	25°43′	Ra	ラーフ	18°32′
Me	水星	27°53′	Ke	ケートゥ	

太陽のプラスタラカ

星座	1 火星 水星	2 太陽 木星 金星	3	4 土星	5 月	6 Asc	7	8	9	10	11	12	合計
太陽		0	0		0			0	0	0	0	0	8
月		0	0			0				0			4
火星	0	0		0			0	0	0	0	0		8
水星			0		0	0				0	0	0	7
木星						0	0			0		0	4
金星	0						0	0					3
土星	0	0		0	0		0			0	0	0	8
ラグナ			0	0	0			0	0		0		6
ビンアシュタカ	3	4	4	3	4	2	5	4	4	6	5	4	48

図30-1の場合の惑星毎の点数　ビンアシュタカチャート　太陽

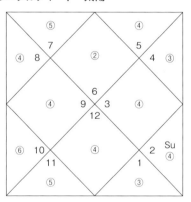

同様にプラスタラカとビンアシュタカチャートはすべての惑星に対して用意されている。残りの惑星のビンアシュタカチャートは以下のとおりである。残りの惑星のプラスタラカはスペースの制限のために載せられていない。

ビンアシュタカチャート　月

3	2	4	4
7			4
4			Mo 5
4	6	3	La 3

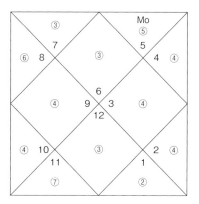

ビンアシュタカチャート　火星

4	Ma 4	2	3
6			4
3			1
1	2	6	La 3

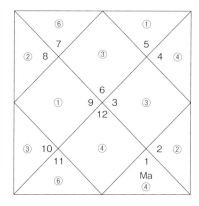

ビンアシュタカチャート　水星

6	Me 6	4	4
4			4
6			3
5	2	5	La 5

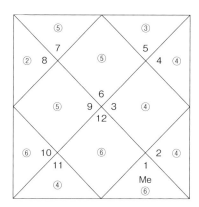

ビンアシュタカチャート　木星

4	3	Ju 5	6
7			5
5			3
6	4	3	La 5

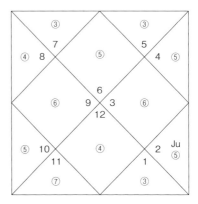

ビンアシュタカチャート　金星

6	4	Ve 3	4
5			3
3			4
7	3	3	La 7

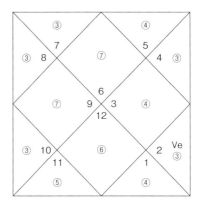

ビンアシュタカチャート　土星

5	2	2	4
4			Sa 1
3			2
4	4	3	La 5

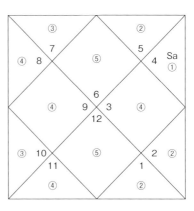

サルヴァアシュタカヴァルガ

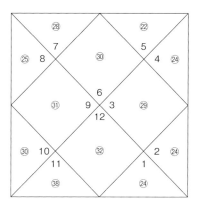

32	24	24	29
38			24
30			22
31	25	28	La 30

　異なる星座（ハウス）によって得られた吉ポイントを合計すると、いわゆるサルヴァアシュタカヴァルガを得る。これは数値的な立場で異なるハウスの相対的な吉意や凶意（または強さと弱さ）の用意された見解を与える。

　最大限56の吉ポイントがサルヴァアシュタカヴァルガのチャートの割り振られた星座で得られる。28が平均的な強さと思われる。これ以上はハウスを漸次強くする。これ以下は漸次弱くする。

　表30-1は、それぞれ7つの惑星とラグナから考慮されるいろいろなハウスに寄与する吉ポイントを示すために以下に書かれている。これらはビンアシュタカヴァルガを作ることなしにサルヴァアシュタカヴァルガを作るために用いられる。表30-2は表30-1の情報を応用したものである。

表30-1 | サルヴァアシュタカヴァルガチャートを作る際のラグナと惑星からの吉ポイント

惑星/ラグナ ＼ 室	1	2	3	4	5	6	7	8	9	10	11	12	全体
太陽	3	3	3	3	2	3	4	5	3	5	7	2	43
月	2	3	5	2	2	5	2	2	2	3	7	1	36
火星	4	5	3	4	3	3	4	4	4	6	7	2	49
水星	3	1	5	2	6	6	1	2	5	5	7	3	46
木星	2	1	1	2	3	4	2	4	2	4	7	4	36
金星	2	3	3	3	4	4	2	3	4	3	6	3	40
土星	3	2	4	4	4	3	3	4	4	4	6	1	42
ラグナ	5	3	5	5	2	6	1	2	2	6	7	1	45
													337

表30-2 | 図表30-1の使用をしているサルヴァアシュタカヴァルガ

惑星 ＼ 星座	1 火星 水星	2 太陽 金星 木星	3	4 土星	5 月	6 Asc	7	8	9	10	11	12	全体
太陽	2	3	3	3	3	2	3	4	5	3	5	7	43
月	2	3	7	1	2	3	5	2	2	5	2	2	36
火星	4	5	3	4	3	3	4	4	4	6	7	2	49
水星	3	1	5	2	6	6	1	2	5	5	7	3	46
木星	4	2	1	1	2	3	4	2	4	2	4	7	36
金星	3	2	3	3	3	4	4	3	4	3	6	2	40
土星	4	6	1	3	2	4	4	4	3	3	4	4	42
ラグナ	2	2	6	7	1	5	3	5	5	2	6	1	45
サルヴァアシュタカヴァルガ	24	24	29	24	22	30	28	25	31	30	38	32	337

アシュタカヴァルガの日々の使用：カクシャの概念

　異なる惑星のためのプラスタラカチャートは、カクシャの概念を利用する異なる方法で表される。それぞれのラーシ或いは星座はカクシャの8つの等しい部分、即ち3°45′の幅に分割される。それらは以下のように7つの惑星とラグナによって成り立つ。

カクシャナンバー	カクシャの支配星	カクシャの範囲	
		起点	終点
1	土星	0°00′	3°45′
2	木星	3°45′	7°30′
3	火星	7°30′	11°15′
4	太陽	11°15′	15°00′
5	金星	15°00′	18°45′
6	水星	18°45′	22°30′
7	月	22°30′	26°15′
8	ラグナ（アセンダント）	26°15′	30°00′

　それぞれの惑星に対するプラスタラカチャートは、カクシャの概念をもたらすために調整される。表30-1の太陽に対するプラスタラカチャートは以下に与えられたように表される。

太陽（カクシャの順序において）のプラスタラカ

惑星 ＼ 星座	1 火星 水星	2 太陽 金星 木星	3	4 土星	5 月	6 Asc	7	8	9	10	11	12	全体
土星	0	0		0	0		0			0	0	0	8
木星					0		0			0		0	4
火星	0	0		0			0	0	0	0	0		8
太陽			0		0		0	0	0	0	0	0	8
金星	0					0	0						3
水星			0		0			0	0	0	0	0	7
月		0	0			0				0			4
ラグナ		0	0	0				0	0		0		6
全体	3	4	4	3	4	2	5	4	4	6	5	4	48

　異なる惑星に対するプラスタラカスは同様の方法で行われる。惑星が星座の最初の3°45′の範囲内でトランジットする時、それは土星のカクシャにあると考えられる。星座の3°45′と7°30′の間では、惑星は木星のカクシャにあると考えられる。同様に、特定の惑星のプラスタラカにおけるいろいろなカクシャにおける惑星のトランジットが確定される。惑星は吉ポイントにあるカクシャをトランジットする時、良い結果を生み出すと考えられる。

🌑 カクシャの日々の使用

　カクシャの概念は日常的に使用できる。この応用方法は単純である。7つの惑星のプラスタラカチャートを準備する。それから特定の日のそれぞれの7つの惑星の度数を見つける。太陽のプラスタラカにおいてはトランジットの太陽が吉ポイントをもつカクシャを通り過ぎているかどうかを見る。月の

トランジットに対して、月のプラスタラカを考慮する。すべての惑星を見る。いくつかの惑星は生来的惑星が吉ポイントに貢献したカクシャを通り過ぎる時、その日は吉である。いくつかの惑星が吉ポイントのないカクシャを通り過ぎる時、その生まれの人にとって良くない時である。吉ポイントをもつカクシャをトランジットする惑星の数次第で、一般的に結果は次のようになる。

1．すべての７つの惑星が吉ポイントをもつカクシャをトランジットする：非常に優秀な日：目標達成の日
2．６つの惑星　　：優秀
3．５つの惑星　　：非常に良い
4．４つの惑星　　：良い結果（これが吉凶の境界線）
5．３つの惑星　　：平均；いくぶん困難
6．２つの惑星　　：非常に悪い
7．１つの惑星　　：極端に悪い；挫折、事故
8．吉ポイントをトランジットしている惑星がない：極端に悪い、事故、死

上記に述べられた結果は注意深く適用されなければならない。カクシャはアシュタカヴァルガにおける最終の言葉ではない。アシュタカヴァルガはトランジットのシステムにすぎず、それゆえ、ダシャーシステムと同様にネイタルチャートに従うことを思い起こさなければならない。

 ## アシュタカヴァルガへの一般的概念の使用

すべてのホロスコープの研究がそうであるように、アシュタカヴァルガはチャートについて２つの基本的な側面に光を当てる。

A　静的側面、異なるハウスにおける吉ポイントの数による。これはホロスコープチャートにおいて固有に約束されたものを示す。

B　動的側面、ダシャーやトランジットがアシュタカヴァルガに適用される時、それは非常に注意深くなされた微妙な計算とかかわり、驚くべき結果を生み出す。これはチャートで固有の約束の結実の時を示す。

アシュタカヴァルガの使用を決定するいくつかの一般的な原則を以下に記述する。

1．アシュタカヴァルガは惑星のラーシの位置を基礎として、出生図と違わないハウスの位置で計算される。

2．アシュタカヴァルガはホロスコープ固有の約束事でありダシャーに対しても役に立つ。

　　それは出生図に全体にわたって優先するものではないが、最も本質的な称賛に価する支援技法である。なんらかの特定のチャートにおいて、特定のダシャーは特定の性質の出来事を表示する。適切なダシャーの期間に実現する予測の程度や性質はアシュタカヴァルガから判断されなければならない。

3．まず、アシュタカヴァルガの結果はラグナや月から計算される異なるハウスにまたがるゴチャラ或いは惑星のトランジットから決定される。

4．惑星によって生み出される結果の性質は、この惑星の生来的表示体と同様にそれが在住するハウス次第で決まる。

5．ビンアシュタカヴァルガにおいて、吉ポイントの最大の数は8であり最小の数は0である。1つのハウスにおいて4点は平均か混合した結果を表示する。吉ポイントの数が5、6、7に増加するにつれて、ハウスの幸運度も増える。ハウスにおいては8点をもって、最良の結果が期待できる。

　　3、2、1の吉ポイントをもつハウスは次第に不吉になる。それらの中で吉ポイントのないハウスは極端に悪い。これらのハウスを通過する凶星のトランジットは決定的に有害なものとなる。

6．ハウスにおいていろいろに変化する吉ポイントによって生じる結果は、古典では以下のように記述されている。

吉ポイントがない：屈辱、病気と危険

　　　　1ポイント：病気、悲惨、辛苦、目的のない彷徨

　　　　2ポイント：精神的苦悶、支配者による激しい非難、泥棒による剥奪

　　　　3ポイント：精神的身体的不快

　　　　4ポイント：公平な判断として善悪の両方の結果がある

　　　　5ポイント：学習、財、子供、よい衣服

　　　　6ポイント：よい性格、敵対者への勝利、裕福な、乗り物、名声

　　　　7ポイント：名誉、報酬、極端な幸運

　　　　8ポイント：王にふさわしい優雅と栄光

7．強い高揚している或いは定座にある惑星はもしそれがビンアシュタカ
　ヴァルガのチャートにおいてより少ないポイントと関わると多くの良い
　効果を失う

8．弱い減衰した或いはコンバストの惑星であっても、もしそれがアシュ
　タカヴァルガチャートで平均点よりも高いものであるならば、多くの良
　い要素を保つ。

9．サルバアシュタカヴァルガチャートは異なるチャートの全体的な強弱
　の見解をもたらす。それは7つのすべての惑星とラグナの関連において
　惑星の累積的な影響を含むので、すべてのトランジットの内で最も洗練
　された科学的なものである。このような観察やいくつかの視点は以下に
　述べられる基礎の上に行われる。

　⒜　ラグナと8つのハウスが吉ポイントに関して平均点（28点が平均
　　の数）以上である時、その人はよい健康を保つ。これらのハウスの吉
　　ポイントの数の平均以下は病弱の傾向を示す。ジョン・F・ケネディ
　　のチャートにおいて、第8室は比較的弱い。

　⒝　第11室の吉ポイントが第10室と比べてより大きいならば、より少
　　ない労働を通してより大きな達成（或いは稼ぎ）を得ることを示す。

　⒞　第12室の吉ポイントの数が第11室と比べてより大きいならば、稼
　　ぎに比べて過剰な出費があることを示す。

　⒟　第2室の吉ポイントが第12室に比べて多いならば、より大きな蓄
　　積とより少ない出費と楽しみがあることを示す。

(e)　強い第6室は病気に対する抵抗力と病気がちであることを示す。

10．2つのハウスの間の数値の飛躍があるならば、惑星が1つのハウスから次のハウスにトランジットする時、運気に大きな上昇か下降がある。

11．ゴウル（Col．A．K．ゴウル著『Astrology of Profession』（仮題：職業に関する占星術、日本語版未刊行）を参照）の観察では、第5室の吉ポイントの数が第10室と比べてより大きな数をもつ時、もし強い第11室が対抗手段として振る舞わないならばその人は仕事で苦しむ。この原則がチャートの他のハウスにまで広げられるかどうかは今後の研究にかかっている。

12．強いハウスを通過する木星のトランジットはその人に品位を与える。土星の場合ならば力と指導力を与える。

13．MD、AD、PDの支配星が強いハウスをトランジットする時、良い結果を生む。弱いハウスをトランジットする時、生み出される結果は悪い。

14．日々の応用として、カクシャを通しての惑星のトランジットの考慮は、特にダシャーアンタラダシャーとともに考慮する時、納得性のある信頼できる結果になる。

15．アシュタカヴァルガはムフルタにも用いられるべきであると提唱してきた。ムフルタのためにアシュタカヴァルガを用いる単純な方法は、予定した事業を意味する特定のハウスが多くの吉ポイントをもつラグナを選ぶことである。予定した事業の表示体が強いハウスをトランジットするべきである。例えば、太陽は公的な問題や政府の仕事の表示体であるが、火星は土地取引や家屋を代表し、金星は結婚や乗物、木星は子供や教育等々を代表する。これらの惑星はこれらの表示体に関連する行動の時に、強いハウスをトランジットしなければならない。

16．結果の正確さのためには、ダシャーやトランジットと統合化されたアシュタカヴァルガの微妙な技法の使用を必要とする。

31

スダルシャナチャクラ

始まり、中間、終わりのない、無限の力を持ち、
無限の腕を持ち、月と太陽を眼とし、燃火を口とし、
自らの光輝によりこの全世界を熟している
あなたを私は見る。

「バガヴァバッド・ギータ第11章19」（上村勝彦訳　岩波文庫）より

　スダルシャナチャクラは、クリシュナ神が戦場において彼の右の人差し指の上に運んだ円盤である。それは最も案じられる敵を滅ぼすために選択的に用いられる。そして実際に信頼できると思われる。パラーシャラのスダルシャナチャクラは同様にホロスコープ分析の最も信頼性ある結果を生み出すと思われる。それは３つのラグナ即ち出生ラグナ、月ラグナ、そして太陽ラグナを複合的に使用する。

　聖パラーシャラが弟子のマイトレーヤにジョーティシュを教える時、聖パラーシャラはスダルシャナチャクラについてこのように語った。"おー、ブラーミンよ。今私はブラーミン神自身が心の世界の善について語る信頼ある最高の智恵について語る。これがスダルシャンと呼ばれるチャクラである。これは賢者が人間の吉凶の出来事を判読することができる。即ち、ラグナから前に進む12ハウスについて、誕生から死まで、毎年、毎月、毎日かかわるスダルシャンと呼ばれるチャクラについてである。それゆえ、それについ

て注意深く聞いてほしい"。

　聖パラーシャラは予言を行う時の的確さを得るためにスダルシャナチャク
ラを活用する方法をこれから述べようとしている。

スダルシャナチャクラの構成

　まず3つのサークルを作る。共通の中心を基礎にして、1つのサークルと
その他に外にもう1つサークルを作る。それを12の部分に分割するために
接線方向と同様に横切った線を引く。一番中の小さな円は反時計回りの方向
で、出生のラグナから始めて12星座を記す。出生図の配置に応じて適切な
星座の中に、惑星を配置する。

　次の真ん中の円において、出生図のラグナの代わりに月の星座から始め、
出生図の月から考慮されるハウスに惑星を置く。

図31-1│スダルシャナチャクラの例　インディラ ガンディー　1917年11月19日生

		Ju (R)	Ke
			La Sa
Mo			Ma
Ve Ra	Su Me		

左図（ダイヤモンド型）：
Ma 5, 6 / La Sa 4 / Ke 3 / 2 Ju (R) / 7 1 / 10 / Su Me 8 / 9 Ve Ra / Mo / 12 11

La	ラグナ	27°22′	Ju(R)	木星(逆行)	15°00′
Su	太陽	4°08′	Ve	金星	21°00′
Mo	月	5°35′	Sa	土星	21°47′
Ma	火星	16°22′	Ra	ラーフ	9°12′
Me	水星	13°14′	Ke	ケートゥ	

図31-2 | スダルシャナチャクラ　チャートの12ハウスにおける惑星配置

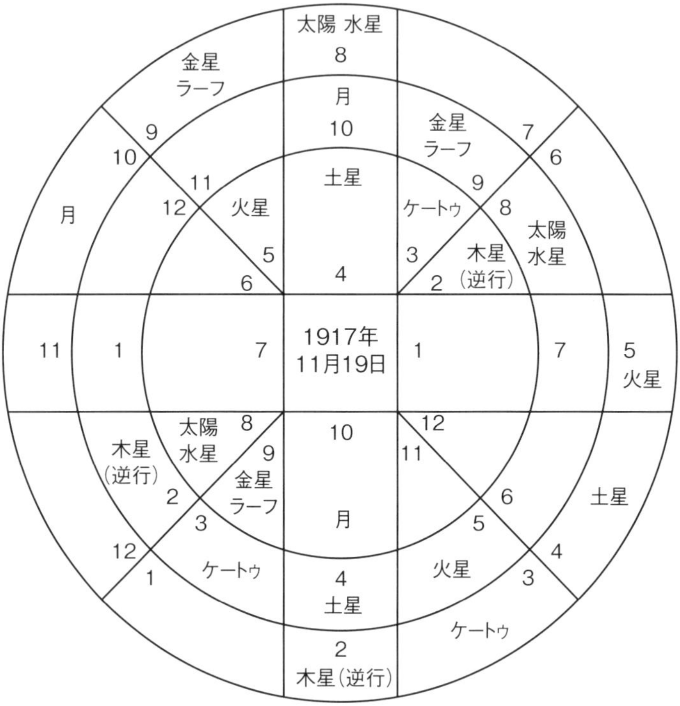

太陽 水星
8
金星
ラーフ
月
10
9
10
金星
ラーフ
7
6
11
土星
12
火星
9
ケートゥ
8
太陽
水星
月
5
4
3
木星
（逆行）
2
11
1
7
1917年
11月19日
1
7
5
火星
木星
（逆行）
太陽
水星
8
10
12
2
金星
ラーフ
9
11
土星
12
3
ケートゥ
月
6
5
4
1
4
土星
火星
3
2
木星（逆行）
ケートゥ

　一番外側の円において、出生図のチャートの代わりに太陽の星座から始め、反時計回りの方向に従って、星座と惑星に記しをつける。

　ここで後にインドの首相になった1917年11月19日23時11分（IST）アラバード（北緯25度27分、東経81度51分）生まれ（図31-1）のSmt. インディラ・ガンジーの事例をここで上げよう。このチャートに対する適切なスダルシャナチャクラは図31-2のように描ける。

　第1室は出生ラグナ、月ラグナ、太陽ラグナによって代表されると見られる。それは出生図において、月や太陽と関わりがあるのと同様に、ラグナに在住するすべての惑星によって影響される。チャートの残りのハウスにおいて惑星の配置はそれに応じていろいろ変化する。それは本質において他にわたって横たわるラグナチャート、月チャート、太陽チャートの複合的な見解

である。

適用可能範囲

　スダルシャナチャクラは、ホロスコープのすべてのハウスに本物の見解を
与える。そしてその使用は高く推奨される。これはホロスコープの３つのカー
ディナルポイント（ラグナ、月、太陽）からみたすべての12ハウスの研
究よりなる。しかしながら、その適用はラグナ、月、太陽がチャートの異な
るハウスに在住する場合にだけ限定されるべきである。２つ或いは３つすべ
てが同じハウスにある時、この方法は用いられるべきではない。このような
場合において、予測は出生のラグナだけから行われなければならない。

予測ためのガイドライン

　スダルシャナチャクラの第１室はラグナ、太陽、月を含む（これらの３つ
のラグナと関わる他の惑星も同様である）。このハウスは複合ラグナとして
扱われる。次のハウスは複合第２室として考慮される。そして残りのハウス
の場合も同様に扱われる。

- 　ラグナにある太陽はスダルシャナチャクラシステムにおいては凶星と
  はみなされない。実際に、ここでは吉星としてみなされる。
- 　高揚か定座にある生来的凶星も吉星とみなされる。
- 　生来的吉星はもし減衰しているか不吉な星座にいるならば、敵対的に
  振る舞う。
- 　ハウスの支配星か生来的吉星が在住するハウスは繁栄する傾向にある。
  ハウスにアスペクトする吉星はその繁栄を確かなものにする。
- 　凶星と絡むかアスペクトされているハウスは悪くなる傾向がある。
- 　定座にある惑星のあるハウスはハウスの在住星に応じた結果を生む。

- 在住惑星のないハウスは惑星かそれにアスペクトする惑星に応じた結果を生じる。
- 吉星が在住するか吉星だけがアスペクトするハウスは良い結果を生じる。
- 凶星が在住するか凶星だけがアスペクトするハウスは悪い結果を生じる。
- ハウスに吉星と凶星の両方の影響がある時、ハウスによって生じる結果の性質は、吉星か凶星かどちらが優位を占めるかどうか次第である。
- 吉星と凶星の影響が定められたハウスで同じである場合、結果の性質はそれに影響を与える吉星と凶星の相対的影響次第である。2つの惑星の影響の内のより強い方が機能する。
- 特定ハウスに在住もアスペクトもない場合、結果はその支配星の配置から判断されなければならない。

惑星の吉星と凶星の性質を決定する

何が吉星で何が凶星かについて理解することが重要である。生来的に吉星であろうと凶星であろうとどんな惑星でも本来、もしそれが良い分割図に入っているならば良い結果を得る。一方で、もしそれが悪い分割図に入っているならば悪い結果を得る。ここで、定座や高揚の星座同様に生来的吉星の分割図は良い結果を得る。反対に不吉な惑星や減衰の星座と同じく生来的凶星の分割図は悪い結果を得る。即ち、7つの分割図、ラーシ、ホーラ、ドレッカナ、シャプタムシャ、ナヴァムシャ、ドゥヴァダシャムシャ、そしてトゥリムシャムシャを用いることが通例である。相対的な吉意或いは凶意を決定するために、事例のチャートに適した異なる分割図における惑星の配置を図表化する（表31-1）。

7つの分割図における配置とは別に、1つの要素としてそれぞれの惑星の固有の性質をここで考慮する。

7つの分割図の配置に基礎を置く惑星の性質はスダルシャナチャクラにお

いて特別のものではないことが記されている。しかしながら、この情報はス
ダルシャナチャクラにおける異なるハウスから期待する結果の性質について
決定するために、スダルシャナチャクラにおいて使用することはできる。

 # 異なるハウスからの結果

　惑星の性質を決定した後、スダルシャナチャクラにおける異なるハウスが
良い結果か悪い結果かどうかを判断することが要求される。これはそれぞれ
のハウスに（絡みかアスペクトによって）影響を与える吉凶の数から決定さ
れる。これは表31-2に示されている。

　ここで、ハウスがどこに在住しているかだけでなくアスペクトを考慮する。
もしハウスの上に吉凶両方の影響があるならば、その最終の性質はそれぞれ
の影響のバランス次第である。即ち、吉の影響にある特定の数は凶の影響の
等しい数を無効にする等々である。考慮中のチャートにおいて、7つの分割
図において明白な凶意の状態にない。それゆえに、純粋に凶の結果を生じる
と思われるチャートにおけるハウスはない。特定のハウスが他のハウスと比
べて吉として振る舞う範囲は、そのハウスに機能する吉の影響の実際の数次
第である。

　異なるハウスの吉凶を7つの分割図の惑星の性質を決定することなしにハ
ウスの在住惑星やアスペクトする惑星の実際の性質を考慮しがちである。し
かしながら、7つの分割図の使用はこの働きをより正確に信頼性あるものに
する。それは上記の分割図の第1、5、11室とある程度までは第7室が特
にホロスコープにおいて吉であり強いと見られる。

表31-1｜惑星とその性質に関する7つの分割図の支配星

惑星	太陽	月	火星	水星	木星	金星	土星	ラーフ	ケートゥ
ラーシ	火星	土星	太陽	火星	金星	木星	月	木星	水星
第2分割図	月	月	月	月	太陽	月	太陽	太陽	太陽

第3分割図	火星	土星	木星	木星	水星	太陽	木星	木星	水星
第7分割図	金星	太陽	火星	太陽	土星	火星	水星	土星	太陽
第9分割図	太陽	土星	太陽	金星	金星	金星	土星	水星	木星
第12分割図	木星	木星	土星	火星	火星	太陽	木星	木星	水星
第30分割図	金星	水星	木星	木星	木星	水星	土星	土星	土星
惑星の性質	吉星	中立	中立	吉星	吉星	吉星	吉星	中立	中立

【注記】
　それぞれの惑星の固有の性質は、７つの分割図における位置に加えて、惑星の性質を決定する際の要素として考えられる。

表31-2｜7つの分割図に基礎を置いたハウスの吉凶の性質

ハウス	在住惑星の数	アスペクト（非在住の場合）	吉星	凶星	中立	ハウスの性質
第1室	4	—	3	—	1	吉星
第2室	3	—	1	—	2	吉星
第3室	1	—	—	—	1	中立
第4室	—	1	—	—	1	中立
第5室	3	—	3	—	—	吉星
第6室	3	—	1	—	2	吉星
第7室	3	—	2	—	1	吉星
第8室	2	—	—	—	2	中立
第9室	1	—	1	—	—	吉星
第10室	1	—	—	—	1	中立
第11室	3	—	3	—	—	吉星
第12室	3	—	1	—	2	吉星

イベントのタイミング：ダシャーの枠組み

　スダルシャナチャクラは、その出生図の持ち主はその人生の出来事の時に従わなければならない。この目的に対して、聖パラーシャラはスダルシャナチャクラダシャーを案出する方法を与えた。このシステムにおいて、ラグナから始まるそれぞれのハウスは１年のMDをもち、チャートのすべてのハウスはMDの12年周期がある。最初のMDはラグナのMDであり第２番目は第２室である等々。12年後、別のダシャーサイクルがラグナから始まる。出生図の持ち主は人生の間にこのダシャーのいくつかを経験する。実例のチャートに関するMDは表31-3に表されている。

　それぞれのMDの範囲で、それぞれ１か月の期間で12のADがある。最初のADはMDによって代表されるハウスから始まる。即ち、それぞれのMDの範囲内で、それはMDから始まり、星座のナチュラルオーダーに従って進んでいく。

　それぞれのADは１か月間の期間で分割されADはさらにそれぞれの期間が２日半の期間の12のプラティアンタラダシャー（PD's）に分割される。当該のADによって代表されるハウスから始まる12のハウスによって表される。

　ここにスダルシャナチャクラの12のハウスは占星術師がチャートのそれぞれのハウスに関し、これらの出来事の時間を正確に予言することを期待するために、MD's、AD's、PD'sを理解することができる。

　しかしながら、それは出生者の人生において12年は相対的に短い期間と思われる。それゆえに、同様のダシャーのいくつかのサイクルが個別の人生の中で機能する。しかしながら、人生の出来事はすべての12年において正確にくり返すことはない。それゆえに、ここで示されるスダルシャナチャクラはその時に機能しているトランジットとヴィムショッタリダシャーとともに検討される。

表31-2 │ マハーダシャーの周期:それぞれのハウスは1年間のMDをもつ

MD	人生の年令	MDの最後の年
ラグナ	1、13、25、37、49、61	1918、'30、'42、'54、'66、'78
第2室	2、14、26、38、50、62	1919、'31、'43、'55、'67、'79
第3室	3、15、27、39、51、63	1920、'32、'44、'56、'68、'80
第4室	4、16、28、40、52、64	1921、'33、'45、'57、'69、'81
第5室	5、17、29、41、53、65	1922、'34、'46、'58、'70、'82
第6室	6、18、30、42、54、66	1923、'35、'47、'59、'71、'83
第7室	7、19、31、43、55、67	1924、'36、'48、'60、'72、1984
第8室	8、20、32、44、56	1925、'37、'49、'61、'73
第9室	9、21、33、45、57	1926、'38、'50、'62、'74
第10室	10、22、34、46、58	1927、'39、'51、'63、'75
第11室	11、23、35、47、59	1928、'40、'52、'64、'76
第12室	12、24、36、48、60	1929、'41、'53、'65、'77

 ダシャーの解釈:いくつかの原則

　ダシャーの解釈に適切ないくつかの重要な原則がここに述べられている。これらはスダルシャナチャクラの結果を分析する時、心に留めておかなければならない。

- 機能しているダシャーのハウスはラグナ或いは第1室として扱わなければならない。

　例えば、もしそれが第5室のダシャーならば、5番目のハウスがラグナ或いは第1室として考慮されるべきである。そして残りのハウスはそこからそれに応じて考慮される。即ち、6番目のハウスは第2室として、7番目のハウスは第3室として等々に考慮される。

- 12年の期間の後、MD周期はラグナから新たにやり直していく。
- 詳細な点検のために、MDを代表するハウスがラグナとして取り扱われるばかりでなく特定のADやPDによって表されるハウスもまたラグナとして扱われる。これらはダシャーラグナと呼ばれる。
- ダシャーラグナから第1、4、7、10、5、9そして第8室に星が在住する時はいつでもダシャーによって表される年、月、日は良い結果を生み出す。
- ラーフだけ或いはケートゥだけ在住するハウスは苦しむ傾向にあり、不運な結果だけが生じる。
- いくつかの凶星が在住するハウスも悪い結果を招く
- 吉星が第2室と第12室以外にあるならば良い結果を招く。吉星は第2室と第12室にあるならば有害である。
- 凶星が第3、6、11室にある時、望ましい結果を出す。それ以外のどこでも、悪い結果を生じる。
- 同じようなMD、AD、PDがくり返し機能する時（例えば、同じMDが12年間続く）、示される結果はトランジットと同様ヴィムショッタリダシャーの分析から判読される結果に沿って考慮される。
- 吉星、凶星、中立の性質のハウスが如何に決定されるべきか示されていても、それらの原則を当てはめる一方で、惑星の生来的吉星或いは生来的凶星を考慮することが重要である。
- 聖パラーシャラはアシュタカヴァルガで示された結果とともに、スダルシャナチャクラを確認するべきと主張している。もしスダルシャナチャクラとアシュタカヴァルガの両方が似たような良い或いは悪い結果を示すならば、これらのことははっきり起こる。もしいろいろであるならば、混合した結果が起こるだろう。

 ## 事例のチャートにおけるいくつかの注意

検討している事例チャートにおいて、強い吉ハウスはラグナ、第5、7そ

して11室であるとすでに理解されている。第２、６、９そして12室は強くはないが吉である。第３、４、８そして10室は中立である。このチャートにおいて純粋に悪いハウスはない。第１、５、７、11室のダシャーが、この出生図の持ち主にとって特に重要であることがわかると思う。

　彼女はラグナのダシャー期間の1942年３月26日に結婚した。彼女は多くの論争や父親側からの抵抗にもかかわらず、なんとか結婚した。職を求める資格あるより多くの人たちを支配下に置いた権力闘争において、彼女がインドの最初の女性首相となったのは1966年11月の最後の時、ラグナダシャーの期間だった。1978年の彼女の最後のラグナダシャーの時期は政治的に荒廃そして健康悪化の期間であり、ヴィムショッタリのMD/ADが土星／金星期、即ち１つは第８室の支配星、もう１つは第６室で傷ついた在住星であった。

　彼女の第７室のマラカのダシャー期は彼女の近い関係者と彼女自身にとって不吉な時であった。彼女は1936年に母親を亡くした。1960年の９月には夫を亡くした。彼女自身の死も1984年10月31日の第７室のダシャー期に起こった。

　彼女の第11室のダシャーの時期の1964年において、彼女の父親の死の後で、彼女は情報放送大臣として連合内閣に入閣した。これは政治経歴において意味ある画期的な出来事であった。1970年の彼女の第５室のダシャー期間の時、大きな強さを発揮し強力な彼女の幾人かの政敵を追放した。

　結論として、パラーシャラのスダルシャナチャクラは優秀な占星術の道具であり、過去において用いられたものよりはるかに広範囲に用いられるべきである。それは出生ラグナ（身体）、月ラグナ（心；母親；また遺伝的関係）、太陽ラグナ（魂；父親；先祖）を考慮に入れる。すなわち、それは人の身体、精神、そして霊的な形成の包括的な点検を行う。それは的確な結果を得るために、ヴィムショッタリダシャー、トランジット、アシュタカヴァルガをともに使用しなければならない。

索　引

※原語ローマ字表記にカタカナによるアルファベット表記を添付、(英)は英語または英語からの訳

あとがき

　K. S. Charakの『The Element of Vedic Astrology』の英語版を初めて見た時、パラーシャラ系インド占星術の本としては、体系的かつ標準的な良書だと思いました。インド占星術の学習者にとって必要な基本的事項、知識を理論的実践的にほぼ網羅している内容だったからです。本書ではジャイミニやマンデーン分野に関しては触れていませんが、それらは別の書物で勉強すれば十分に補える内容だと思います。

　インド占星術はパラーシャラ系以外に、ジャイミニ、ナディ、ＫＰ、ケララ占星術等々いくつかの系統があります。しかし、パラーシャラ系のインド占星術は、日本だけでなく世界的にみてもその普及度や理論体系から考えると、他の系統のインド占星術と比べてまずは優先順位として抑えるべきものだと思います。膨大な知識体系をもつインド占星術のマスターは容易な技ではなく一生どころか三生にわたる勉強が必要といわれていますが、本書でその基本フレームは知ることができます。もちろん、これで占星術の学習は終わりではなく、「始まりの終わり」という心持ちで、更なる学習を進めるための基礎を本書は提供していると理解してください。

　さて、本書には類書にみられない、いくつかの優れた点があります。

　まず占星術の法則に先立ち、天文学の初歩的概念の知識を重視し、本書で十分な解説をしていることです。占星術というのは、惑星の運行を基本とする占いである以上当然のことですが、しばしば忘れられがちな傾向があり、こうした分野の大系的でわかりやすい解説の本はあまりありません。特に、獣帯、星座（サイン）、サイデリアルシステム、アヤナムシャ、月のサイクル、インド暦としてパンチャンガ等をていねいにきちんと解説しています。また、占星術において基本法則の基礎となる計算手続き、ホロスコープの作成、分割図の計算方法、ダシャーの計算方法、アシュタカヴァルガの計算方法、寿命計算の方法等についても必要十分なほど解説されています。これら

の知識は鑑定に際して微妙な判断をする時に大切になってくるものです。

　さらに本書は、技法や事例の紹介ばかりでなく、随所で鑑定に際して常に実証的立場を重視するアドバイスをしているのも重要な点です。実際にインド占星術の初学者の間では、ラージャヨガがあるから成功するとかアリシュアヨガがあるから災難に遭うとか１つの法則だけで一喜一憂する傾向があります。しかし著者は、本書の中では、１か所だけを見て判断しないよう、随所で注意を促しています。「占星術の法則を記憶するだけでなく背景にある基本原則を理解する」「古典文献の記述を文字どおりに受け止めない」「１つの法則だけでなく、ダシャー、バルシャハラ、トランジット、アシュタカヴァルガ等々全体をバランスよくみて判断する」等、実に貴重なアドバイスが散りばめられています。

　占星術学習において基本原則や古典の尊重はもちろん大切ですが、それだけを鵜呑みにせず実証的な研究を進めることを忘れてはならないと、本書では戒めているのです。
　「インド占星術の基本大系」と名付けられた本書はこの点で、学ぶための基礎知識をきちんと提供し実証研究の大切さにも言及しています。学びて思わざれば則ち罔し、思いて学ばざれば則ち殆しという孔子の弁は、占星術の学習においても真実と思われます。

　最後に、本書にはインド占星術の個別内容を更に深く学ぶための文献紹介もあり、学習の進んだ読者の方はそれらの参考文献の読破もお勧めします。著者の専門分野である医療、健康分野の詳しい解説は見るべきものがあり、まだ日本では珍しいヴァルシャハラやスダルシャナチャクラの紹介等もあり、占星術学習者にとっては有用な内容であると思います。
　これらの理由により、本書の読破及び活用は、読者のインド占星術の基本的知識の確かさと着実な鑑定力を向上させてくれるものと信じる次第です。

2019年10月１日　　　　　　　　　　　　　　　　本多信明

【著者紹介】

K. S. チャラク

M. S（外科）、F. R. C. S（イギリス）
インド脊髄損傷センター外科部長兼上級コンサルタント。
インド、ロシア、アメリカ等でインド占星術の講演をし後進を育成している。
雑誌「Vedic Astrology」名誉編集委員
著書は『医療占星術』『占星術におけるヨガ』『ヴァルシャハラ』（日本語版未刊行）など多数ある。

【訳者紹介】

本多 信明（ほんだ・のぶあき）

慶応義塾大学卒業。日本生産性本部認定経営コンサルタント。
インド占星術を中心にインド風水、西洋占星術、周易、気学等で鑑定・教育・研究を行う。
透派重鎮の指導により紫薇斗数、子平推命、七政四余、奇門通甲、断易等の研鑽を積む。
著書に『インド占星術入門』『実践インド占星術』（説話社）がある。

2019年10月、本書の訳者である本多信明氏が急逝されました。ここに謹んで哀悼の意を表し、心からご冥福をお祈りいたします。

インド占星術の基本体系 II巻

2020年7月23日　初版発行

著　者──K. S. チャラク
訳　者──本多 信明（ほんだ・のぶあき）
装　幀──中村吉則
編　集──初鹿野剛
本文DTP──Office DIMMI

発行者──今井博揮
発行所──株式会社太玄社
　　　　　TEL 03-6427-9268　FAX 03-6450-5978
　　　　　E-mail：info@taigensha.com　HP：https://www.taigensha.com/
発売所──株式会社ナチュラルスピリット
　　　　　〒101-0051　東京都千代田区神田神保町3-2　高橋ビル2階
　　　　　TEL 03-6450-5938　FAX 03-6450-5978
印刷───シナノ印刷株式会社

インド占星術の
基本体系 I巻

K.S.チャラク【著】／本多信明【訳】

A5判並製　定価＝本体 2500 円＋税

パラーシャラ系インド占星術のバイブル、
ついに日本語版完訳！

　I巻は、インド占星術の紹介から、天文学の初歩的概念、そして星座、ハウス、サイン、惑星、惑星の性質や象意、そしてホロスコープチャートの作り方からリーディングのための技術といったインド占星術に必要不可欠な知識を、豊富な事例と分割図を用いて惜しみなく披露しています。

いますぐ深読みできる
フレンドリー・タロット

いけだ 笑み 著

プロの占星術家が伝授！　鏡リュウジ氏も推薦。タロットカードを手にしてすぐに、深いリーディングができるように、繰り返し登場する図象や数の意味を解説し、カードが織りなす物語の仕組みを説明しています。　　　　　　　　　　　　定価 本体2200円＋税

基礎からわかる
伝統的占星術

福本 基 著

伝統的占星術と現代占星術の違いを明確にし、ホロスコープ、サイン、ハウスなどのお馴染みのものから伝統的占星術ならではのアンティッション、ディグニィティ、ジョイ、ロッツ、恒星等にいたるまで丁寧に解説しています。　　　　　　　　定価 本体3280円＋税

現代占星術家のための
伝統占星術入門

ベンジャミン・ダイクス 著／田中要一郎 訳

本書は伝統占星術から数多くの技法と考え方を用いることによって、ホロスコープの読み解きが如何に豊かで正確なものになるのかを示します。　　　　定価 本体2550円＋税

ある吉　たった5分歩くだけ！
吉方位開運法 2020年版

アーロン千生 著

500ｍ歩いて5分滞在で効く！この一冊で毎日毎時の吉方位が全てわかります。本書は古代中国の占術「奇門遁甲」を「吉方位」として使う開運法です。　　　定価 本体1800円＋税

クリスチャン・アストロロジー
第1書＆第2書・第3書

ウィリアム・リリー 著／田中要一郎 監訳／田中紀久子 訳

鏡リュウジ氏推薦！ 西洋占星術の超古典の完訳です。第1書は占星術の基本的な概念、定義、用語の解説、第2書はホラリーの伝統的技法を集大成しています。第3書では出生図の判断と未来予測の技法を紹介しています。定価 本体［第1書＆第2書4700円／第3書3500円］＋税

お近くの書店、インターネット書店、および小社でお求めになれます。

●陰陽五行と玄学を極める本格的出版社、太玄社の本

あなたの運命を開く場所はここだ！
場所による開運占星学
アストロカートグラフィ＆サイクロカートグラフィ

真弓 香 著

生まれ年月日、時間の星に導かれてあなただけの開運場所を見つける開運方法。その場所に移動することで開運する実践法をご紹介します。　　　　　定価 本体1600円＋税

誰でもできる かんたん風水！
バグア・チャート風水

伊庭野れい子 著

9つのコーナーとエリアでかんたん運気アップ！　入り口から見た位置で、「恋愛運」も「金運」も「健康運」も決まります！　　　　　定価 本体1500円＋税

フライング・スター 風水鑑定術

福田英嗣 著

世界のセレブ御用達！　人気ナンバーワン鑑定マニュアル。〈飛星チャート〉144パターンを一挙全解！　家運を安定させ、人生を大きく改善する優秀なコンパス。
　　　　　定価 本体2400円＋税

風水と住まいの精霊開運法
私の風水は住まいの精霊さんからのメッセージ

塩田久佳 著

風水のヒケツは、「住まいの精霊さん」にあった！　著者が出会ってきた「住まいの精霊さん」から学んだ秘伝満載！　日本、中国と長年さまざまな風水を学んだ著者がたどり着いた開運風水法。　　　　　定価 本体1300円＋税

ツキをよぶフォーチュンサイクル占い

イヴルルド遙華 著

幸せを導く24の運勢サイクル。自分の周期を知り、新たな扉を開くフォーチュンサイクル占いです。アクションを起こす時期を前もって知ることで、本来の魅力を発揮。
　　　　　定価 本体1500円＋税

お近くの書店、インターネット書店、および小社でお求めになれます。